JN198410

WHERE JAPAN'S WINGS ARE HEADING?

Could LCCs be the Savior?

# どこに向かう日本の翼

## LCCが救世主となるのか

丹治 隆

[著]

晃洋書房

# は し が き

　21世紀に入ってから世界の航空業界は急激に変化し，それ以前には全く予想もできなかった状況が短期間に発生した．そしてその中でも特に日本の航空業界・市場の顕著な低迷ぶりが目立っている．

　このような状況から，本書の一つ目の大きな目的は，21世紀に入ってからの世界の航空業界・市場の変化がどのようなものであったかについてまとめることである．航空自由化の進展，FSC（フルサービスキャリア）の生き残り戦略，LCC（低コスト航空会社）の世界的躍進，および中東・アジアなどの新興国の航空市場の急成長などに触れる．

　本書の二つ目の目的は，日本の航空業界・市場の状況について，客観的なデータに基づいて分析しつつ，航空政策との関連も含めてその低迷の理由について論じることである．国内・国際市場規模，航空会社の輸送量，空港の取扱量および過去の航空・空港政策について触れ，さらに新たな航空・空港政策により航空業界・市場が回復状況に向かっていることにも触れる．そして最終的には僭越ながら今後の日本の空の発展のために少しでも参考となるような提言ができればと願っている．

　三つ目の目的は，最近話題になっている長距離線 LCC について，その可能性と課題について論じることである．短距離線ではすでに存在感を十分に発揮している LCC だが，果たしてこれが次の本格的な発展のステージになりうるのかという観点から種々考察してみたい．

　執筆にあたり特に配慮したことは，可能な限り最新の情報を理解しやすい形で提供するということである．前述のように最近の世界の航空業界の変化は大変早く，関連データを集めて長い時間をかけて分析しても，世の中に出したときには陳腐化してしまうことも多い．また，あふれる情報の中から重要と思われる情報を的確に選択し，それを読者に極力理解しやすい形で提供し，正しく理解していただけるよう心がけた．

　本書は小職がこれまでに調査・研究した内容を最新のものにアップデートしたものが主である．また最新の情報・統計は主に2019年1月頃までのCAPA（Center for Aviation）の情報に基づくものが主体となるが，必要に応じてそれ以外の，かつより最近の統計も使用しており，同一対象物に対する数値で若干の差がでる場合もある．いずれも資料として活用いただきたい．


　2019年5月末日

　　　　　　　　　　　　　　　　　　　丹　治　　　隆

# 目　次

# 第4章 長距離線 LCC の現状と成長への課題 ………………… 179

第1章

# 2000年以降の世界の航空業界
## ——LCC による経営技術革新と新興市場の成長——

## 1　は　じ　め　に
### ——未曾有の急激な構造変化——

　21世紀に入り，世界の業界は連続で発生した複数のイベントリスクに悩まされた．コンピュータのミレニアム問題で航空業界でも事故が発生すると予測されていた2000年は結局何事も起こらなかった．しかしその翌年の9月11日に米国同時多発テロという民間航空機を巻き込んだ大変忌まわしい事件が発生し，世界中に大激震が走った．さらに2003年のイラク戦争発生とSARS（重症急性呼吸器症候群）の流行，2008年のリーマンショックなどの連続的に発生したイベントリスクに揺さぶられた．これに燃油価格高騰も加わり戦後50年余にわたって築かれた世界の航空システムに決定的な構造的変化がもたらされた．

　この間特に欧米のFSC（Full Service Carrier）は苦戦を強いられ，倒産や合併による業界の統合化が急速に進んだ．またFSCの低迷と航空自由化の恩恵を受けてLCC（Low Cost Carrier）の躍進が世界的に拡大した．同時にアジアや中東などの新興国の航空市場が急成

長を果たし，かつての欧米主流の航空市場の構図に大きな構造変化
が生じた．

## 2 FSC の倒産と合併による業界統合
──欧米で統合加速──

　一連のイベントリスクで特に悪影響を受けたのは世界をまたに駆
けて飛び回る FSC であり，業績悪化の欧米の大手 FSC は生き残る
ためにこぞって合併という手段を選択したことで業界統合が一気に
進んだ．一方その FSC 低迷の間隙を縫うように短距離線を中心に
シェアを伸ばし始めたのが LCC であった．欧州とアジアでは特に
航空自由化が LCC 躍進の追い風となった．また長距離国際線では
中東の航空会社が飛躍的な成長を遂げ，これらが世界の航空業界の
構造に大きな変化をもたらした．

　図1-1に世界の航空会社グループの輸送旅客数ランキングを示
す．欧米および中国の1億人以上の航空会社グループが10社あり，
以前よりも軒並み大型化している．特に欧米の FSC は合併・吸収
で規模を拡大している．またこのトップ29グループの中に旅客数ト
ップの Southwest をはじめ LCC が9社入っており LCC がメジャ
ープレイヤーになっていることがわかる．

　図1-2には航空会社（単体）の国際線有償旅客キロ（RPK）のラ
ンキングを示す．圧倒的な1位が Emirates であり，2位の LCC
Ryanair を大きく引き離している．中東キャリアはこの他トップ10
に Qatar（5位）と Turkish（10位）が入っている．2003年に就航し
た歴史の浅い Etihad も14位である．その他上位には欧米の大手
FSC が名を連ねているが，まさに短期間に中東キャリアは世界ト
ップクラスの航空会社に躍り出たと言ってよい．

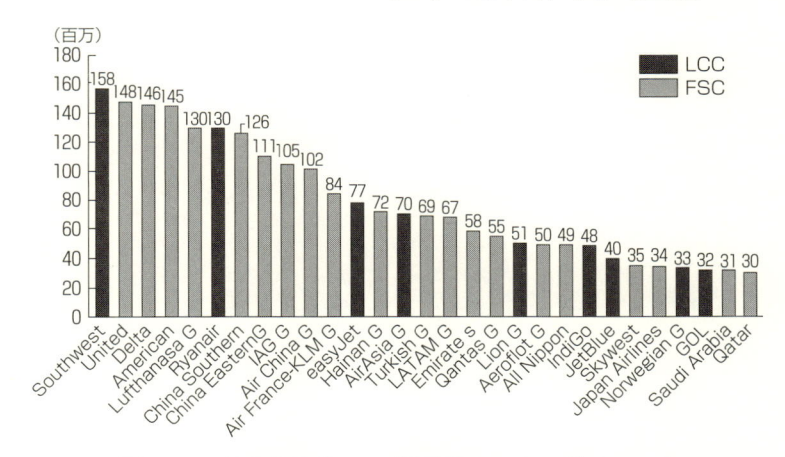

**図1-1　航空会社グループ旅客数ランキング（FY2017）**

注：FY（Fiscal Year：会計年度）とは企業の決算の対象となる一定期間である．その期間は
　　1年とすることが一般的である．世界的には1月から12月まで，または4月から3月まで
　　とすることが一般的であるが，企業や国によっては別の期間を選択する場合もある．
　　日本で主流となっている4月から3月までを会計年度とした場合，国によってその呼び方
　　に違いがある．たとえば日本では2018年3月末期末の決算を2017年度と呼び，諸外国では
　　2018年度と呼ぶ場合があり，見かけ上1年の差が出てくるので注意が必要である．

出典：IATA WATS 2018, CAPA（Center for Aviation）（グループ統計）．

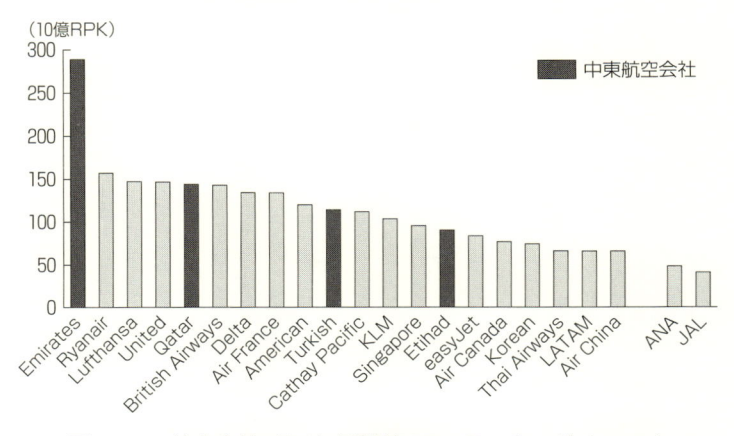

**図1-2　航空会社（単体）国際線 RPK ランキング（FY2017）**

出典：IATA WATS 2018.

表 1 - 1　FSC の倒産，合併

| ✈FSC の倒産（9.11同時多発テロ以降） |
| --- |
| ✈ 米国（チャプター11（連邦破産法11条））：United, Delta, Northwest, USAirways（2回），American, Hawaiian, Frontier |
| ✈ カナダ（会社更生法）：Air Canada |
| ✈ 欧州：Swiss, Sabena Belgium, Alitalia（経営破綻3回） |
| ✈ アジア・太平洋：Ansett（豪），日本航空 |
| ✈ 中南米：AeroMexico, Varig |
| ★1998年度世界上位20社中9社倒産 |
| ✈ 大型合併，経営統合（規模の経済のメリット） |
| ✈ 米国：Delta＋Northwest, United＋Continental, USAirways＋America West, American＋USAirways, Southwest＋AirTran（LCC の合併）★米国上位10社が5社に集約 |
| ✈ 欧州：British Airways＋Iberia＋British Midland＋Aer Lingus　Air France＋KLM, Lufthansa＋Swiss＋Austria |
| ✈ 日本：日本航空＋日本エアシステム |

出典：筆者作成.

　表 1 - 1 には同時多発テロ以降の FSC の倒産と合併を示す．特に米国では同時多発テロの直接的影響が大きく，大手 FSC が軒並みチャプター11（連邦破産法11条）の破産法保護を受け，復帰後は合併したことで従来のトップ10社が最終的に5社になった．また1998年に輸送力でトップ20にランクされていた世界の航空会社のうち9社が倒産した．欧州では LCC のシェア拡大により特にドル箱路線であった欧州域内路線から FSC が追いやられ，業績が悪化した FSC が規模の経済を求めて合併に走った．アジア・パシフィック地域では急激に台頭してきた LCC に対抗するために FSC がこぞって「マルチ・ブランド戦略」を採用した．

　米国は大胆なリストラのおかげで現在完全に回復し，業界全体として高い利益率を誇り，市場も順調に拡大している．LCC のシェアが44％となった欧州では FSC の利益率はあまり芳しくなく，リ

ストラはまだ道半ばである．また北大西洋に参入を開始した長距離線 LCC への対応策に追われている．アジア・パシフィックでは豪州の Ansett および日本航空を除いて大型倒産はなく，FSC は「マルチ・ブランド戦略」で LCC に対抗しながら，そして合弁会社設立で国境の壁を克服しながら LCC と共存している．ただし新興国では LCC が FSC を凌駕する下克上が多く発生している．

## 3 LCC の世界的躍進
### ──経営技術革新と航空自由化の成果──

このような欧米の FSC の地盤沈下の合間を縫って特に短距離線を中心にシェアを拡大したのが LCC である．図1-3 に主要地域別の LCC 座席シェア（2013年と2018年）を示す．実は一番 LCC シェア

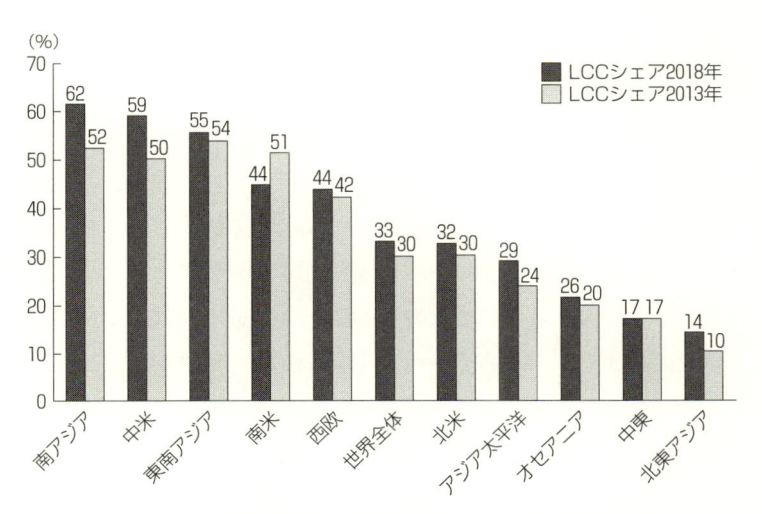

**図1-3 主要地域別 LCC 座席シェア**（2013年，2018年）
注：一部地域省略．
出典：CAPA データをもとに筆者作成．

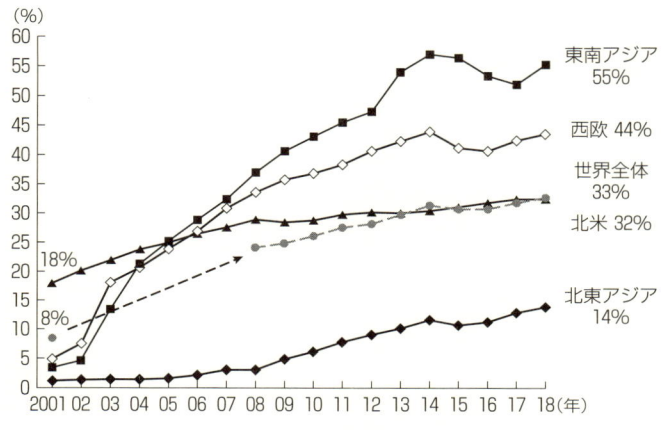

**図1-4　LCC の地域別シェア（座席数）**

出典：CAPA データより筆者作成.

が高いのがインドを含む南アジア市場であり，中米，東南アジア，南米と続き，新興市場の LCC シェアが高いことがわかる．先進国では西欧が高いことが注目点である．アジア太平洋全体では29％で，その中の北東アジアは最も低く14％である．またこの5年間の伸びは南アジアで10pts，中米で9pts，アジア太平洋で5pts，北東アジアで4pts ある．一方南米ではシェアを7pts 落としている．

　図1-4にもう少し長期間の主な航空市場の LCC 座席シェアの推移を示す．世界全体としては2001年の8％から現在は33％に拡大しており，世界の航空座席の3分の1が LCC の座席になっている．近年は伸びが鈍化する傾向にあるが，LCC の中心市場である短距離線に限ってみれば40％以上のシェアになっていることは間違いない．

　北米は LCC の歴史が古く2001年にはすでに18％のシェアであったが2018年には32％となっており他市場に比較して緩やかな伸びで

あり，かつ近年伸びが鈍化している．西欧は2001年以降急速にLCCシェアを伸ばしており，早い時期に米国を抜いて44％となっている．ここでは1997年に完成したEU航空自由化がLCC拡大の大きな推進力となっている．

　東南アジアでの進出が顕著であり，2001年の4％から2014年にはすでに57％にも達しており，最もLCC浸透率が高い地域のひとつとなっている．アセアンの航空自由化が大きなLCC推進力となっている．中国と日本を含む北東アジアはLCCの進出遅れでシェアが最も低い地域のひとつとなっているが，今後のポテンシャルは大きいと予想される．

　図1-5に主要国の国内線LCC座席シェアを示す．50％を越しているのはタイ，インド，メキシコなどほとんどアジアと中南米の新興国であるが，そこに韓国が食い込んでいる．そのあとに西欧のイタリア，スペインが続く．日本，中国，ロシアは10％またはそれ以下で最も低い．2013年から2018年の5年間に最もシェアを伸ばしているのはベトナムであり23％から56％と33pts上昇している．以下ドイツの26pts，タイの19pts，韓国の17pts，フィリピンの12pts，インドの10pts，メキシコの9ptsと続く．

　図1-6に主要国の国際線におけるLCC座席シェアを示す．西欧と東南アジア各国が上位を占めている．EUは統一航空市場になっており高いシェアは当然であるが，アジアのマレーシア，インドネシア，韓国，ベトナム，タイ，フィリピンが30％以上で上位に食い込んでいるのが注目点で，日本もオープンスカイ効果で26％と上昇中である（第3章参照）．

　2013年から2018年の間にシェアを伸ばした国は，日本がトップで19ptsとなり，韓国とスウェーデンが18pts，ベトナムが17pts，ド

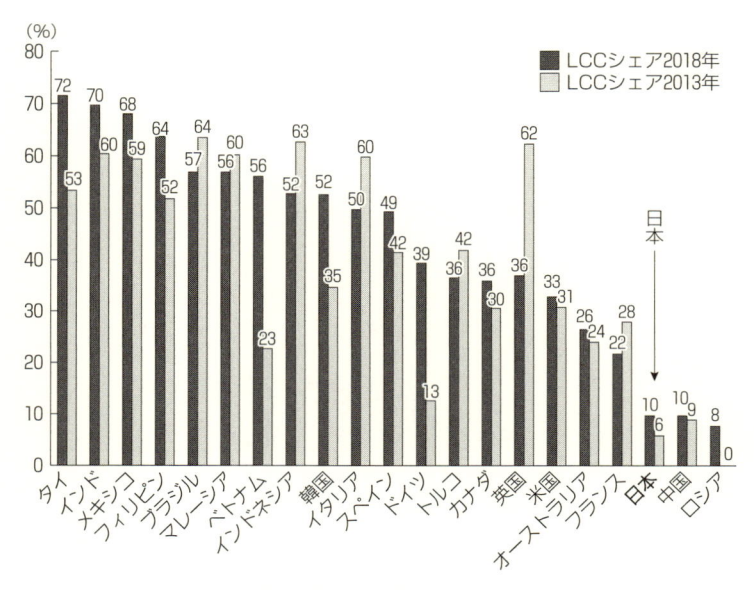

**図1-5　主要国国内線 LCC 座席シェア**（2013年，2018年）

出典：CAPA データをもとに筆者作成．日本は国土交通省の旅客数データ．

イツが10pts，メキシコが9 pts，中国が7 pts，インドとフィリピンが6 pts と続く．

　世界の LCC の主な歴史について**表1-2**に簡単に紹介する．LCC の起源は諸説あるが，本格的には当時テキサス州の州内航空会社だった Southwest 航空である．1971年からテキサス州内で運航を開始し，良好なパフォーマンスで人気が出た Southwest は，1978年の米国航空規制緩和の波に乗り，以降時間をかけて米国全土に路線網を拡大し，現在1億5000万人を輸送する世界トップの航空会社にまで成長した．1980年に People Express という国際線も運航する LCC が出現したが，戦略の失敗で他社に買収されてしまった．そ

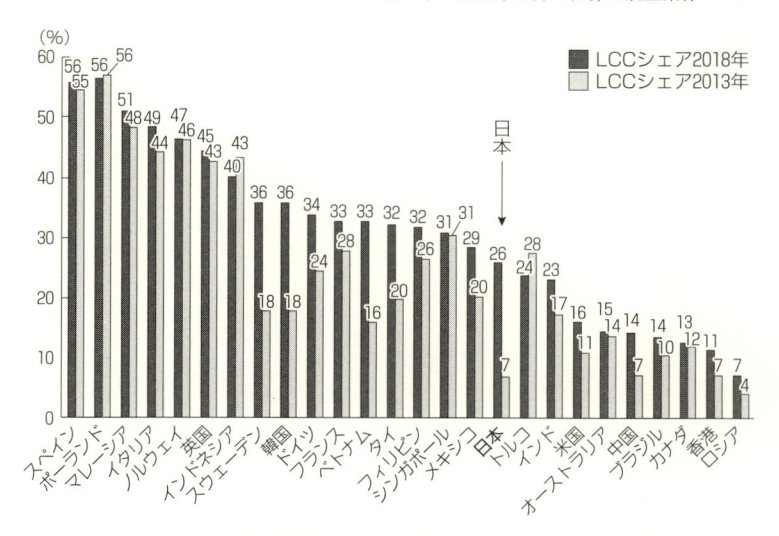

**図1-6　主要国国際線LCC座席シェア** (2013年，2018年)

注：一部データ省略.
出典：CAPAデータをもとに筆者作成. 日本は国土交通省の旅客数データ.

の他大手LCCではビジネス旅客をターゲットとしたJetBlueや，ウルトラLCCのSpirit，Frontierがある.

　欧州では1970年代までチャーター便が格安の運賃を提供しており，LCCになじみやすい文化があった. 1977年にLaker航空が国際線でLCC運航を開始したが，大手FSCに阻まれて長続きしなかった. 倒産寸前だったアイルランドのRyanairは1991年に起死回生の戦略としてSouthwestのLCCビジネスモデルに切り替え，タイミングよくEUの航空自由化の波に乗り，1億3000万人を輸送する国際線でトップの航空会社に踊り出た. 1995年に就航した英国のeasyJetも9000万人近くを輸送する大手LCCに成長した.

　アジア・パシフィック地域でのLCCの歴史は浅く，本格的には2000年に英国籍のVirgin Blueが豪国内線に就航を開始したのが最

表 1－2　LCC の主な歴史

| 米 国 | 欧 州 | アジア・パシフィック |
|---|---|---|
| 1971 Southwest（WN）就航（テキサス州内会社，LCC） | ～1970年代 小規模のチャーター便で格安運賃 | |
| （1978 航空規制緩和法成立）WN は州際へ進出開始，以後堅実にシェア拡大 | 1977 英 Laker 航空 LON＝NYC 参入　格安の「SkyTrain」 | |
| 1980 ピープルエクスプレス就航 | | |
| （国際線も） | 1985 Ryanair 就航（LCC ではない） | |
| 1987 ピープルエクスプレス経営破綻（コンチネンタル航空買収） | （1988～1993 EU は航空自由化を3段階で実施） | 2000 Virgin Blue 就航<br>2001 AirAsia 国内線就航 |
| 1996 ValuJet 事故 | 1991 Ryanair は LCC に変更 | 2003 AirAsia 国際線就航 |
| （行き過ぎた規制緩和？） | 1995 easyJet 就航（ネット販売） | 2004 Jetstar, Tiger 就航<br>2007 AirAsia X 就航（長距離 LCC） |
| 1998 Allegiant 就航 | （1997.4 EU 航空市場統一完了） | 2011 SQ Scoot 就航（長距離 LCC） |
| 2000 JetBlue 就航 | | |
| 2007 Virgin America 就航 WN 旅客数世界一 | 2000年以降 LCC 進出本格化 | 2012 日本 LCC 元年，3社就航 |
| 2010 WN と AirTran 合併合意 | 2008 Ryanair 国際線旅客数で世界一 | 2013 東南アジア LCC シェア50％超 |
| 2016 Alaska は Virgin America 買収 | 2017 Airberlin 経営破綻 | （2015末 アセアン航空自由化） |

出典：筆者作成.

初である．AirAsia は2001年にはマレーシア国内線に就航し，2003年末に AirAsia がクアラルンプール＝バンコク間に就航したのが最初の LCC による国際線である．アセアンの航空自由化の波に乗り，AirAsia はグループ全体として7000万人を輸送する当該地域のトップの航空会社となった．

　日本は LCC 参入が2012年（LCC 元年）と遅く，LCC の成長速度も他国に比較して遅い．国内線の LCC シェアもここ3年10％前後

で低迷しており，目標の14％に達するのも難しい状況である．ただ
し国際線についてはオープンスカイ*による外国LCC参入急増で
LCCシェアが前述のように26％になっており，外国航空会社頼み
ではあるが目標の17％をすでにクリアしている．

> ＊オープンスカイとは：二国間で航空輸送サービスを開始する場合，両国政
> 府が二国間航空協定を締結し，参入航空会社，参入路線，輸送力，運賃な
> どを取り決めることが伝統的な方式であった．両政府がオープンスカイ協
> 定に移行すると政府の関与がなくなり，両国の航空会社が自由に路線，輸
> 送力，運賃を決めて参入することができるようになる．

## 4　LCCビジネスモデル
### ──短距離線で開発，多様化へ──

表1-3にLCCビジネスモデルの主な特徴とその効果を示す．
LCCは最近日本でもようやく認知度が向上しつつあるが，前述のよ
うに長い歴史がある．米国のSouthwestが編み出したビジネスモデ
ルを採用している航空会社群をさす．バジェットエアライン，格安
航空会社などと呼ばれる場合も多い．LCCビジネスモデルは様々
な工夫を重ねてコストを削減しFSCの半額以下の運賃を提供する．
新たな航空需要を創出すると共にFSCの需要も取り込みつつ世界
トップクラスに躍り出て，航空業界の競争地図を大きく塗り替えて
いる．LCCビジネスモデルは「経営技術の革新」とも称される．

最も重要な要素のひとつが単一機種の使用である．オペレーショ
ンの一本化による事業全体の簡素化に加えて運航乗務員，整備士の
訓練，ライセンス取得，人員配置の効率化および補給部品の最小化
などが大きなコスト削減に寄与する．積極的な新機材の導入を図る
LCCも多く燃料費と整備費用の節約につながる．

表1-3　代表的な LCC ビジネスモデル

| | 代表的な項目 | コスト削減 | 収入向上 |
|---|---|---|---|
| 1 | 短距離運航（概ね4時間以内） | ○ | |
| 2 | 単一機種に統一（B737, A320 など） | ○ | |
| 3 | 機材の高稼働 | ○ | ○ |
| 4 | 2地点間直行路線 | ○ | |
| 5 | 高密度な座席仕様 | ○ | ○ |
| 6 | 無料の機内サービスを廃止 | ○ | |
| 7 | 二次的空港を使用 | ○ | |
| 8 | 折り返し時間を短縮（20分程度） | ○ | |
| 9 | 有料化（付帯サービス収入） | | ○ |
| 10 | 自社サイトによるオンライン販売 | ○ | |
| 11 | 社員多機能化 | ○ | |

出典：航空経営研究所資料をもとに筆者作成.

　座席をエコノミークラスのみとし配置数を多くする．これにより生産量が増えてコスト削減が図られ同時に収入稼得機会が増える．加えて搭乗率（L/F）を高めることによりさらに収入稼得機会を増やす．

　サービスの簡素化，選択と集中，および付帯収入増に注力する．座席指定，マイレージプログラムは提供せず，飲食物や預入手荷物などの無料サービスを廃止し，基本運賃に含まれる以外のサービスを有料化する．さらに様々な付帯サービスを積極的に売り込んで収入増も図る．

　短距離線でのポイント・ツー・ポイント運航に特化し，乗り継ぎサービスをしない（乗り継ぎサービスをするハブ・アンド・スポーク運航と対照的な運航方式）．FSC が多用するハブ空港ではなく混雑していないサブ空港の利用で空港経費を節約し，同時に折り返し時間の短縮により機材稼働率を向上させる．機材稼働率が上がればその分収入稼得機会が増加する．

　航空券の販売チャンネルをインターネット中心とし旅行代理店などへの余分な手数料支払いを回避する.

　一人の従業員に複数の業務をアサインし業務効率化をはかる. 航空機1機当たりの従業員配置数がFSCに比較して大幅に削減できる. 今では客室乗務員が機内清掃を担当するのは珍しいことではなくなっている.

　ただしLCCといっても多様性があり，AirAsiaのように忠実にSouthwest航空のビジネスモデルを採用しているLCCが存在する一方，豪Jetstarのように低コストを意識しつつもよりFSC的なビジネスモデルを追及するハイブリッドLCCも増加している. さらには従来LCCが参入しないとされていた中・長距離線にもLCCが参入し始めている.

## 5　LCC の諸効果，将来像
### ——短距離線市場の基本的ビジネスモデルに——

　世界的に見てもFSCの重要性については論を俟たない. 高いサービス水準に見合った運賃を支払って航空機を利用する需要は決してなくなることはなく，これはFSCとしても最大の収入源となる最も重要なマーケットである. ただし世界的には運賃がもっと安くなれば航空を利用したいと考える層も多く存在し，その層に受け入れられているのがLCCである.

　特に21世紀に入ってからLCCは世界で「ツーリズム革命」を起こしているといえる. LCCの参入によりこれまで航空を利用できなかった，または利用しなかった旅行者があたかも高速バスを使うように気軽に利用できるようになった. 特に交通インフラが未整備な地域では1日かかっていた移動が同じ料金で1〜2時間で可能と

なった．アジアや欧州では平均5000～6000円程度でほぼいつでも目的地に行けるため，航空利用の頻度が急増した旅行者も増え，またLCC をビジネスで使う企業も増えている．距離・国境の壁を乗り越えて容易に移動できることが人々のライフスタイルにも大きく影響を及ぼしており，外国に別荘を持つ二地点居住者も増えている．

人々は移動をすることによって必然的に運賃，ホテル代，飲食代，レジャー費用などに支出するため，LCC が就航した地域の経済活性化も実現している．欧州では Ryanair が就航して多数の旅行者がお金を落としたことで，寂れていた古い都市が蘇った例もある．

今後シェアが上昇する可能性を秘めているのは北東アジア，ロシア，アフリカなどであり，特に日本と巨大市場の中国を含む北東アジアでの LCC 普及率の動向がキーポイントだ．また LCC の中・長距離線参入が活発化すれば FSC からの需要取り込みでシェア上昇が期待できる．

現在業界全体のハイブリッド化が進展し LCC と FSC の境界が曖昧になる傾向がすでに発生しており，この傾向は今後も強まると見られる．ハイブリッド化とは LCC および FSC が互いのビジネスモデルの「良いとこ取り」をする戦略で，例えば米国大手は LCC を模倣した徹底的な付帯サービスの有料化で収入増加を図っている．一方一部の LCC は機内インターネットや娯楽設備の提供，事前座席アサイン，マイレージプログラムの提供およびハブ空港への乗り入れなど FSC 的な要素を採用し，ビジネス旅客の取り込みを積極的に行っている．後述のように事実 Southwest もかなり以前からハイブリッド化を積極的に進めつつ LCC ビジネスモデルからの脱皮を図っている．

## 6　中東市場の急成長
### ——国際線で急激なシェア拡大——

　図1-7にICAO統計をもとに2000年から2017年の間の市場別の国際線航空旅客（RPK：有償旅客キロベース）の伸びを示す．この間世界の国際RPKは2.7倍となり，航空業界は健全な伸びを示してきたと評価される．その中で中東は8.4倍に成長し，欧州の2.6倍，アジア・パシフィックの2.7倍，米国の1.7倍に比較して並外れて大きい．その結果中東のシェアは4.7％から14.8％と大幅に増加し，何と北米の12.6％を超えた．アジア・パシフィック市場のシェアは29.2％から29.4％と若干増えたがそれ以外の主要他市場はシェアを下げた．

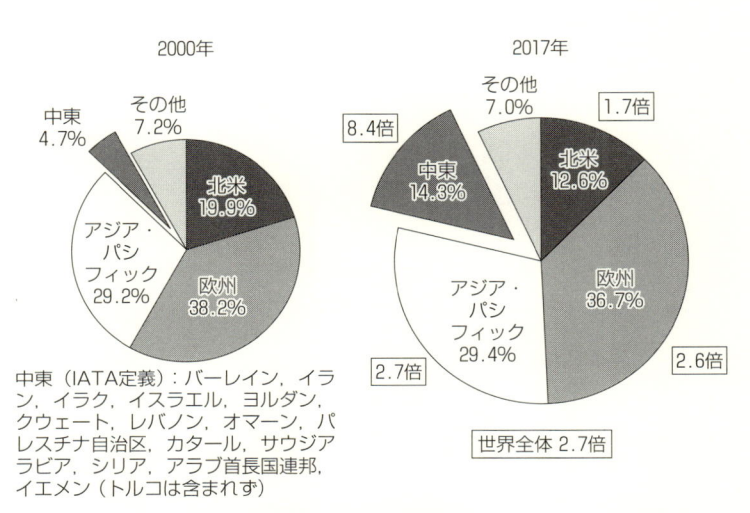

中東（IATA定義）：バーレイン，イラン，イラク，イスラエル，ヨルダン，クウェート，レバノン，オマーン，パレスチナ自治区，カタール，サウジアラビア，シリア，アラブ首長国連邦，イエメン（トルコは含まれず）

**図1-7　市場別国際航空旅客輸送量伸び・シェア（旅客キロ）**

注：ICAO The World of Civil Aviation 2000 および ICAO Annual Report of Council 2017をもとに筆者作成.

## 表1-4　国・地域別航空会社「国際線」旅客輸送実績

単位：10億有償旅客キロ（RPK）

| | | 2000年度 | シェア |
|---|---|---|---|
| 1 | 米国 | 309.6 | 17.4% |
| 2 | アラブ首長国連邦 | — | — |
| 3 | 英国 | 163.2 | 9.2% |
| 4 | ドイツ | 105.6 | 5.9% |
| 5 | 日本 | 102.7 | 5.8% |
| 6 | フランス | 75.3 | 4.2% |
| 7 | オランダ | 74.3 | 4.2% |
| 8 | シンガポール | 71.8 | 4.0% |
| 9 | 韓国 | 54.9 | 3.1% |
| 10 | 豪州 | 53.0 | 3.0% |
| 11 | 香港 | 50.2 | 2.8% |
| 12 | カナダ | 47.5 | 2.7% |
| 13 | タイ | 37.8 | 2.1% |
| 14 | 湾岸諸国＊ | 35.9 | 2.0% |
| 15 | スペイン | 35.0 | 2.0% |
| 16 | マレーシア | 32.9 | 1.9% |
| 17 | 中国 | 22.2 | 1.2% |
| 18 | CIS（旧ソ連） | 17.6 | 1.0% |
| 19 | アイルランド | 13.6 | 0.8% |
| 20 | トルコ | 12.9 | 0.7% |
| | 世界全体 | 1778.1 | 100.0% |

| | | 2017年度 | シェア | 変化(2017/2000) |
|---|---|---|---|---|
| 0 | 湾岸諸国＊ | 581.6 | 12.0% | 16.2 |
| 1 | 米国 | 452.0 | 9.3% | 1.5 |
| 2 | アラブ首長国連邦 | 406.1 | 8.4% | 15以上（推定） |
| 3 | 英国 | 314.7 | 6.5% | 1.9 |
| 4 | 中国 | 247.0 | 5.1% | 11.1 |
| 5 | ドイツ | 245.2 | 5.0% | 2.3 |
| 6 | アイルランド | 201.8 | 4.2% | 14.8 |
| 7 | 香港 | 150.2 | 3.1% | 3.0 |
| 8 | フランス | 149.2 | 3.1% | 2.0 |
| 9 | カナダ | 159.1 | 3.3% | 3.3 |
| 10 | トルコ | 147.7 | 3.0% | 11.4 |
| 11 | カタール | 143.9 | 3.0% | — |
| 12 | 韓国 | 139.0 | 2.9% | 2.5 |
| 13 | シンガポール | 135.0 | 2.8% | 1.9 |
| 14 | オランダ | 121.0 | 2.5% | 1.6 |
| 15 | スペイン | 99.5 | 2.0% | 2.8 |
| 16 | 日本 | 97.5 | 2.0% | 0.9 |
| 17 | 豪州 | 95.8 | 2.0% | 1.8 |
| 18 | CIS（旧ソ連） | 95.2 | 2.0% | 5.4 |
| 19 | タイ | 92.9 | 1.9% | 2.5 |
| 20 | マレーシア | 85.0 | 1.7% | 2.6 |
| | 世界全体 | 4860.9 | 100.0% | 2.7 |

注：＊湾岸諸国：アラブ首長国連邦，カタール，オマーンおよびバーレン．かつては4カ国全体としてのデータのみ存在．
出典：ICAO The World of Civil Aviation 2000およびICAO Annual Report of Council 2017をもとに筆者作成．

　表1-4は国別の詳細データである．2000年から2017年の伸びであるが，まずは目に付くのが先進国の伸び率が数割増から3倍増であるのに比較して，中東，中国などの伸びが10倍以上と驚異的に大きいことだ．

　米国がトップで4520億RPKであるが，実はこの上を行くと仮計算されるのが湾岸諸国である．2000年のICAOの統計ではバーレーン，オマーン，カタールおよびアラブ首長国連邦の4カ国をまとめて「湾岸諸国（Gulf States）」として報告され個別の国の実績が不明であった．湾岸諸国の実績として2017年の各国の実績を足し上げると5816億RPKとなり，米国をはるかに上回る．また2000年と比較すると16.2倍の驚異的水準となる．世界全体の中でのシェアは12.0％で圧倒的なポジションである．

　米国の次は湾岸諸国の中心的存在であるアラブ首長国連邦の4061億RPKで，2000年から15倍以上（推定），世界におけるシェアが8.4％である．アラブ首長国連邦にはEmiratesおよびEtihadがありこれらの航空会社が輸送量を伸ばしているのである．トルコは1477億RPKで10位にランクし，2000年の11.4倍となり，11位のカタールは1439億RPKであるものの，2000年の実績は不明であるが20倍以上になっていることはまちがいない．

　その他成長率の高い注目すべき市場としては中国の11.1倍，アイルランドの14.8倍（LCCのRyanairの成長による），CIS（旧ソ連）の5.4倍である．一方対照的に日本の国際線旅客輸送量はこの間0.9倍と主要国で減少した唯一の国となっており，かつ世界におけるシェアも5.8％から2.0％まで大幅にダウンしてしまった．

　ともあれ域内市場が限られている中東各国は，同時テロ後世界の大手航空会社が軒並み業績不振に陥る中で，比較的短期間に世界の

国際航空市場のトップに立ち，支配的な地位を築くことに成功した
といえる．

　人口の多い新興国（中国，インド，インドネシアなど）では国内線市
場が大きく成長しているが，これは自らが支配できる市場であり，
国の経済発展，航空自由化および LCC 参入などが伴えば必然的に
起こる現象と考えられる．一方中東の成長は自分の支配市場ではな
く，より難易度が高い自国を離れた国際線での急速な規模拡大とい
う点が大いに注目に値する．

# 第2章

# 世界の市場別航空事情

## 1　米国航空市場

### (1)　米国の航空事情
——最悪の時期を経て最高に——

### (i)　米国航空市場概観

　表2-1に示すように米国大手FSC3社はそれぞれ合併して1億5000万人前後を輸送する超大規模な航空企業になった．Southwestも同様にAirTranとの合併を経て1億5700万人を輸送する世界一の航空会社になった．2012年から2018年の間の供給座席数の伸びも国内線は19％増となり，成熟市場の割には手堅く成長している状況がうかがわれる．また国際線については37％増となり，堅調な伸びといえる．2008年にEUとのオープンスカイが発効し，巨大市場同士の航空自由化もプラスの影響をもたらしていると思われる．

　2018年のLCC座席シェアは32.7％で，2009年からの伸びは4.1ptsにとどまっており，LCCの歴史が長い米国ではすでにLCCが成熟期に入っていることを意味している．LCCの国際線座席シ

### 表2-1　米国航空市場・業界概観

| 供給座席数<br>（百万） | 2012 | 2018 | 伸び率<br>（％） |
|---|---|---|---|
| 国内 | 800 | 954 | 19 |
| 国際 | 219 | 300 | 37 |
| 内際合計 | 1,019 | 1,254 | 23 |

座席数はコードシェア便も加算されるため
実際よりも多く出る場合あり．

| LCC座席<br>シェア(%) | 2009 | 2018 | 伸び率<br>(pts) |
|---|---|---|---|
| 国内 | 28.6 | 32.7 | 4.1 |
| 国際 | 6.5 | 16.1 | 9.6 |

| 航空機運航機数 | 航空機発注残 |
|---|---|
| 8,473 | 2,261 |

| 航空会社 | FSC/LCC | 旅客数<br>（百万） | 運航機数 | 発注残 | その他 |
|---|---|---|---|---|---|
| American | FSC | 144.9 | 957 | 229 | US Airways と合併 |
| Delta | FSC | 145.2 | 881 | 315 | Northwest と合併 |
| United | FSC | 148.1 | 764 | 245 | Continental と合併 |
| Southwest | LCC | 157.7 | 749 | 249 | AirTran と合併 |
| JetBlue | LCC | 40.0 | 253 | 85 | |

旅客数は2017年実績．
出典：CAPA データをもとに筆者作成．

ェアについては6.5％から16.1％と9.6pts 伸びており，JetBlue や Southwest が国際線に進出している．

　図2-1に示すように米国運輸省（DOT）のデータによると米国航空会社の輸送旅客数は2017年に8億5000万人となり，2018年には9億人を超える予測である．同時多発テロ発生前の2000年には6億7000万人で，同時テロにより一時6億1400万人まで低迷したものの，2000年対比で2018年は34％増となる見込みである．また搭乗率も2000年の72.3％から2017年の83.5％と11.2pts 改善している．また損益分岐点が2001〜2010年平均の81.3％から2017年は71.1％に10.2pts 下落し，実際の搭乗率との乖離が12.4pts となって，確実に利益が出る構造になっている．

　図2-2に米国航空業界の利益率の推移を示す．2001年から2009

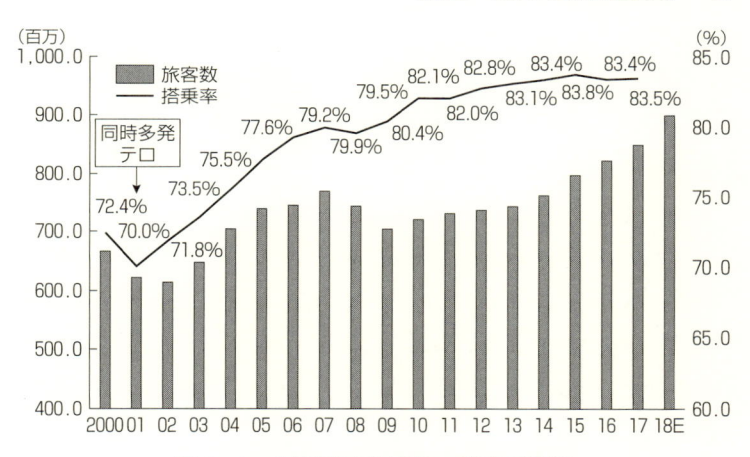

**図2-1　米国航空旅客数，搭乗率推移**

出典：米国DOT データ から筆者作成.

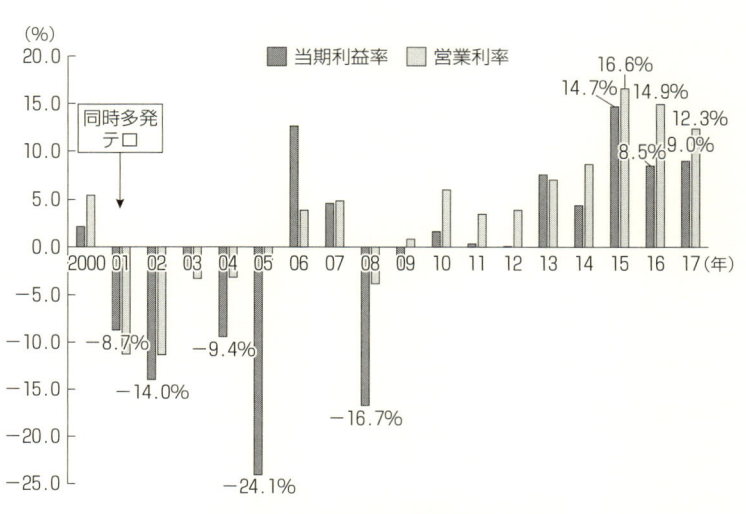

**図2-2　米国航空企業利益率推移**

出典：米国DOT データから筆者作成.

年まで（2006年，2007年を除く）営業損失またはそれに近い状況となっており，業界が長期的な低迷状態にあったことがわかる．2010年からは安定的に営業利益を計上できるようになり，特に2015年から2017年までの営業利益率が16.6％，14.9％，12.3％と，過去と比較してかなり高い水準にあることがわかる．

　当期利益率については2002年の−14.0％，2005年の−24.1％，2008年の−16.7％と前代未聞の悪い数字を計上したが，再建計画などで負の遺産を一掃しスリムな経営になったという側面がその後の業界の回復に貢献している．

### (ii)　同時多発テロの未曾有のインパクト

　米国航空業界の歴史において2001年9月11日に発生した同時多発テロは他のイベントリスクよりもはるかに大きなインパクトをもたらした．特にFSCへの影響は大きく，FSCの大半が大幅赤字に転落し表2−2に示すようにチャプター−11（連邦破産法11条）による破産法保護下に入った．破産法保護下では破産法廷による管理下で負債の軽減措置や労働協約の破棄による人件費の削減などを含む再建計画を時間をかけて策定し，それが承認された時点でやっと経営陣に経営権が戻る（ちなみにUnited Airlinesは再建計画が承認されるまで3年近くもかかったことが批判の的となり，現在はチャプター−11申請後債務者が独占交渉期間の180日以内に再建プランを提出することが義務つけられ，その後延伸願いが出された場合，最大で18カ月という期限が付加された）．

　同時テロの発生は米国が丁度ITバブルがはじけ航空需要が下り坂に差し掛かった時期であり最悪のタイミングで最悪のイベントリスクが発生し，特にFSCに大きな打撃を及ぼした．テロの影響で需要が減少したことは勿論であるが，FSCの路線はすでにその80

**表2-2　米国チャプター11（連邦破産法11条）および合併の歴史（2002年〜）**

| | |
|---|---|
| 2001年9月11日 | 米国で同時多発テロ発生 |
| 2002年9月 | US Airways がチャプター11を申請 |
| 12月 | United がチャプター11を申請 |
| 2003年3月 | US Airways がチャプター11から脱却 |
| 2004年9月 | US Airways が再びチャプター11を申請 |
| 2005年9月 | US Airways が2回目のチャプター11から脱却 |
| 9月 | US Airways が America West と合併 |
| 9月 | Delta と Northwest が同日にチャプター11を申請 |
| 2007年4月 | Delta がチャプター11から脱却 |
| 5月 | Northwest がチャプター11から脱却 |
| 2008年10月 | 米司法省が Delta と Northwest の合併を承認 |
| 2010年2月 | Delta と Northwest が合併完了 |
| 10月 | United と Continental が合併完了 |
| 2011年5月 | Southwest と AirTran が合併手続き完了（統合完了は2014年12月） |
| 11月 | American がチャプター11を申請 |
| 2013年12月 | US Airways と American の合併完了 |
| 2014年12月 | Southwest と AirTran の組織一体化完了 |
| 2016年12月 | Alaska Air Grp が Virgin America 買収完了　2018年4月から Alaska ブランド |

出典：日本航空機開発協会［2018］.

%がLCCとの競合にさらされていたことや，特に大規模空港での
セキュリティチェックが煩雑になったことで旅客がLCCや他の交
通手段に流れたこともFSCにとっては打撃であった．さらにFSC
が開発したハブ・アンド・スポーク・システムもコストがかさむ要
因となっていた．

　表2-2に示すようにUS Airways が2002年8月，United Air-
lines が2002年12月，US Airways が再び2004年9月，Delta Air-
lines と Northwest Airlines が2005年9月の同日にそれぞれチャプ
ター11を申請した．ちなみに隣国のFSCの Air Canada も破産法
保護に入った．当時労組が投票でチャプター11を申請しないと決め
た American であったが，後年経営がスリム化したライバルに対す

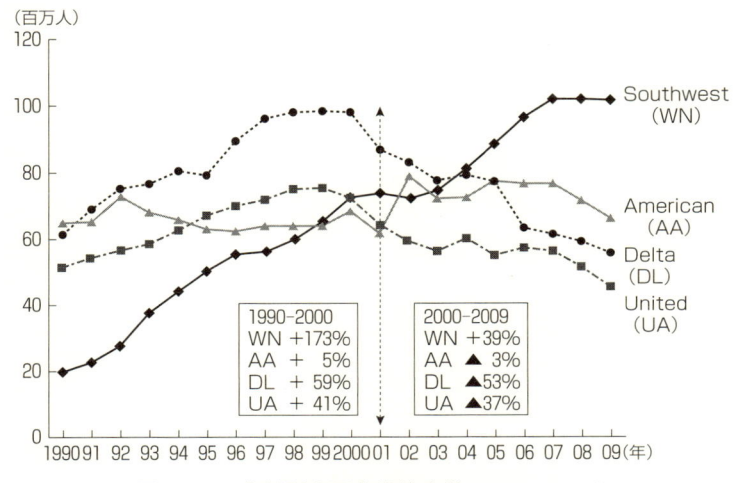

**図 2-3　会社別米国内線旅客数**（1990〜2009年）

出典：各社ホームページ，IATA 資料等を参考に筆者作成.

る競争力が落ちたため結局2011年11月にチャプター11の申請を余儀
なくされた.

　チャプター11の保護下にあったこれらの航空会社は軒並み2回
（American Airlines は1回）に渡り人件費を削減し，特に高給のパイ
ロットの給料は40％またはそれ以上ダウンした.

　その後再建計画が承認されチャプター11から脱却したこれら
FSC はさらなるコスト削減を求めて合併し，これが本格的な業界
統合へと発展した. United Airlines は Continental Airlines と，
Delta Airlines は Northwest Airlines と，US Airways は America
West との合併後に American Airlines と合併した.

　図2-3 は同時多発テロ前後の大手 FSC と Southwest の国内線
輸送旅客数の推移を示したものである. 2000年を境に明暗がくっき
り分かれていることが判る. 1990年から2000年までは Southwest

が173％，Delta が59％，United が41％，American が 5 ％増加している が，2000年から2008年の間では Southwest が39％増加しているのと対照的に，Delta が−53％，United が−37％と大幅に減少している．American は− 3 ％と微減であった．このデータも同時テロの影響の大きさを示しているもので，まさに業界が大きく揺さぶられた状況を示している．ただしその後 FSC は大手航空会社が互いに合併したことにより旅客数が一挙に増加している．

### (iii)　完全に復調した米国航空業界・市場

米国航空業界および航空市場は同時テロおよび LCC の進出により大きく揺さぶられ，大手 FSC が続々と倒産（チャプター11）を余儀なくされたものの，その後無事再建を果たすことができた．さらにその後の合併（大手10社が 5 社になった）を経て思い切ったコスト削減を実現し，LCC に対する競争力も強化し，好調な業績を計上することができている．約10年をかけて倒産・合併という根本的な構造変革を経て見事に環境の変化に的確に対応できたことで，現在は大変効率の良い市場に変身したといえるだろう．

後述のように Southwest ももはや従来のような挑戦的な LCC ではなく，むしろ FSC に近い業態になりつつあり，イールドも FSC よりも高くかつ高い利益率を誇っている．

このようなことも含めて，あたかも古き良き時代の米国航空業界に戻ったような感もある．業界の安定と引き換えに新たな展開や興味深い話題が乏しくなっており，また今後の発展の方向性が読みにくい業界・市場になったともいえる．

### (iv) LCC の動向

前述のように同時多発テロ後 FSC の需要が落ち込む中で，図 2-4 に示すように LCC は確実にシェアを伸ばし，2000年に17％であった LCC の旅客シェアが2011年には30％に達した．ただしそれ以降の伸びは少し緩やかになり，現在は34％である．伸びが鈍化した理由としては大手 FSC がチャプター11と合併でリストラに成功を果たしたこと，およびこれと対照的に LCC の主役である South-west のコストが高くなったことにある．

1973年から45年間連続して利益を出していることで従業員の賃金カットは難しく，給与水準は米航空会社の中でトップとなった．これまで様々な生産性向上を実施してきたが，ほぼ出尽くしてしまった．同時にハイブリッド型にモデルを変更していることもコスト高

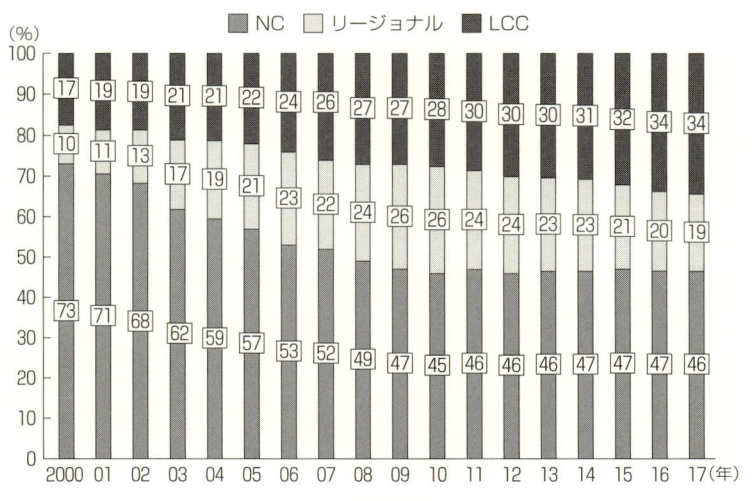

**図 2-4　米国国内線旅客シェア推移**

出典：運輸政策研究機構国際問題研究所．

の要因となり，FSC に対する競争力が弱まった結果とも見ることができる.

　旅客シェアに関してはこの間リージョナルキャリアも2000年の10％から2017年の19％とシェアを 9 pts 増加し，一方 FSC は73％から2017年の46％に低下，トータル27pts の落ち込みとなっており，このような均衡状態が近年続いている.

　現在米国で就航している主な LCC は実はそれほど多くない. 表 2 - 3 に示すように世界一の輸送実績を誇る Southwest（旅客数1.5億人，746機運航）を筆頭にビジネス旅客をターゲットとする JetBlue（旅客数4000万人，253機運航），ウルトラ LCC の Spirit（旅客数2460万人，128機運航）および Frontier（旅客数1680万人，83機運航），および中古機利用の Allegiant（旅客数1230万人，76機運航）である. これら LCC も近年軒並み黒字を計上している.

　ファーストクラスを導入した LCC の Virgin America は Alaska Air に買収された. Frontier は2008年に一度チャプター11の破産法保護に入ったが，現在は復帰している. ValuJet は1996年に墜落事故を起こし運航停止処分になった後 AirTran が後継社となった. その AirTran は2011年 5 月に Southwest との合併手続きを完了し，2014年12月に完全に吸収された.

　図 2 - 5 に示すように米国の会計検査院（GAO）の調査によると米国国内線の片道航空運賃が1998年から2006年の間に20％下落した. また1000マイル以上の長距離線では29％下落したとしている. 同レポートはこれを LCC 参入効果であるとしている. この運賃低下の傾向はその後も続いている.

## 表2-3　米国主要LCC概観

・Southwest（1971年運航開始）　747機運航　1.5億人輸送

・テキサス州内企業として誕生，規制緩和以前からのLCC，いわば元祖LCC
・現在まで生き残り，輸送量旅客数世界1に

・People Express（1980創業，経営破綻）

・規制緩和後新規参入（国際線も），急速拡大，全米5位に
・買収戦略失敗，急速拡大で経営破綻，Continentalが買収

・ValuJet（1993年運航開始，1996年10月事故後会社名消滅）

・1993年就航後急成長も社内訓練，教育体制の不備
・経年機使用，整備などの業務外注多用
・1996年の墜落事故で運航停止処分（AirTranが後継社）

・AirTran（2014年サウスウェストに吸収）

・1993年設立，Valujetの後継社
・旅客数2470万（2010年）の大規模LCC
・2011年5月にSouthwestが買収手続き完了，2014年に完全吸収

・Frontier（1994年運航開始）　83機運航　1680万人輸送（2017）

・Ultra LCC，黒字基調，付帯収入比率40%超
・2008年チャプター11（破産法保護）

・Spirit（1993年設立）　128機運航　2460万人輸送（2017）

・Ultra LCC，黒字基調，付帯収入比率50%弱

・JetBlue（2000年運航開始，短期間にメジャーに）　253機運航　4000万人輸送（2017）

・2000年に参入，5年でメジャー（収入10億ドル以上）に成長
・ビジネス旅客をターゲットとする新モデルLCC（ニューヨークJFK空港参入）
・リージョナル機（ERJ190）も運航，2機種体制（新モデル）

・Allegiant（1998年運航開始）　75機運航　1230万人輸送（2017）

・旧スタイルのLCC，中古機使用，ラスベガス基地，黒字基調，付帯収入40%

・Virgin America（2007年運航開始，2016年Alaska航空が買収）

・ビジネス旅客ターゲット，ファーストクラス導入，赤字基調
・英Virgin Group出資
・Alaska航空が2016年に買収

出典：筆者作成.

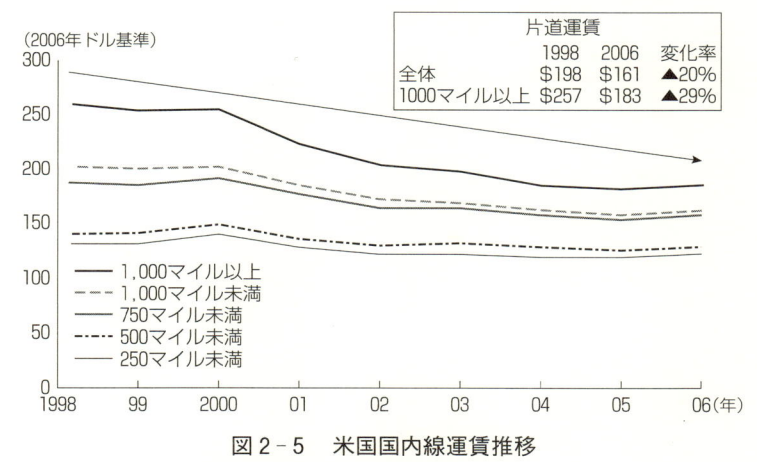

**図 2−5　米国国内線運賃推移**

出典：米 GAO（会計検査院）レポート.

## （v）　Southwest の進化

　元祖 LCC の Southwest であるが，より多くのビジネス旅客獲得を目指して FSC 的要素を取り入れたビジネスモデルに急速に自己変革しつつある．優先搭乗サービス導入，インターネット導入などの機内サービスの充実，GDS を利用したチケット販売，ハブ空港への乗り入れ（ワシントン DC，ボストン・ローガン，ニューヨーク・ラ・ガーディア等）等だ．

　その理由として超大キャリアになった Southwest には残されたニッチ市場が乏しくなり，運賃を安くしただけでは需要を喚起できなくなったことにある．また46年連続で黒字を計上しているため賃金カットができず，人件費も米国で一番高くなってしまった．またそれまで生産性向上により低コストをある程度維持してきたがもはや限界に達しており，利益を維持するにはイールド（1マイル当たり運賃）を上げる必要性に迫られていた．

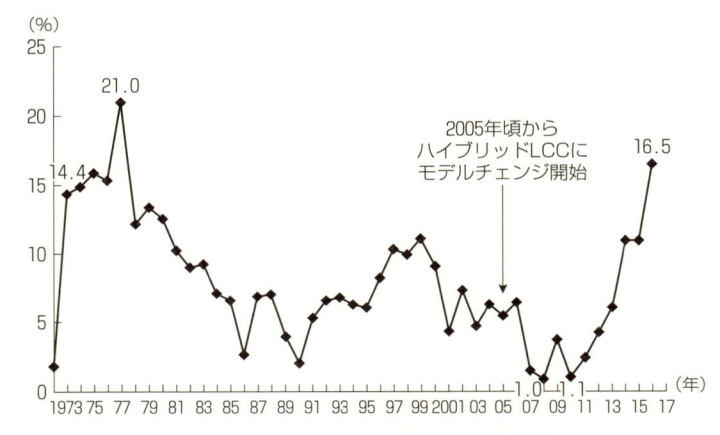

**図 2-6　Southwest 当期利益率推移**

出典：Southwest 各年 Annual Report から筆者作成.

　ハブ空港への参入と優先搭乗システムや機内インターネットの装備などのサービスを導入し，ビジネス旅客のニーズに合わせたプロダクトにすることにより高イールドの需要を取り込むことが目的であった．最近の好調な業績を見るとこのハイブリッド戦略は奏功していると見られる．

　図 2-6 に Southwest の当期利益率の推移を示す．創業 4 年目で14.4％の二桁の当期利益を計上し1982年まで二桁利益が続いたが，それ以降の利益率はそれほど高くなく10％を越す回数は数回しなかったものの，とにかく黒字を維持できており米国キャリアとしては優等生であった．しかし2007年から2012年まで赤字寸前の状況に陥った．このような逆境も Southwest のハイブリッド化に拍車をかけたものと推定される．2013年ごろから業績は好転，2015年から二桁になり2017年度は当期利益率16.5％まで上昇した．

　図 2-7 に Southwest と FSC の国内線のイールド（1 マイル当たり

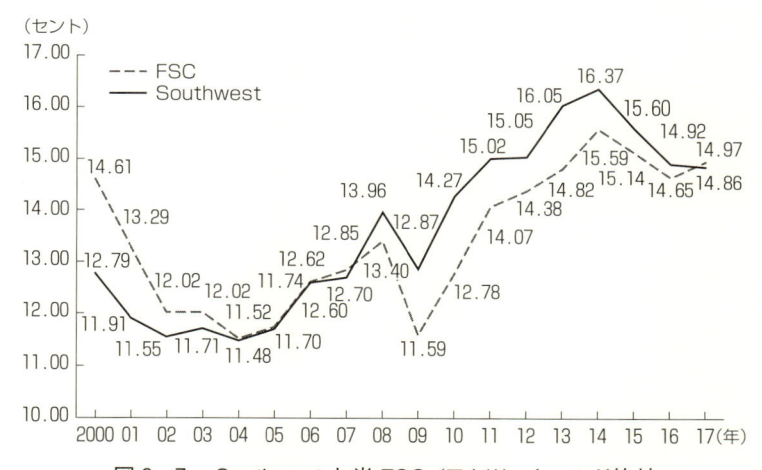

**図 2 - 7　Southwest と米 FSC（国内線）イールド比較**

出典：運輸政策研究機構国際問題研究所資料より筆者作成.

運賃）を示す．ハイブリッド化を志向し始めた2004年ごろから Southwest のイールドは FSC とほとんど同じで，2008年から2016年までは逆転して Southwest のほうが高くなっている．これからすると現在の Southwest は LCC から脱皮してむしろ FSC に近いモデルとなっているといえる．企業の寿命は30年とも言われており，Southwest といえども自己変革をしなければ生き残れないという厳しい現実である．

　しかしそれでも総支払額からすると FSC よりまだ魅力的である．それは Southwest の良心的な付帯料金徴収体系にある．**表 2 - 4** に示すように預け入れ手荷物に対して FSC は軒並み 1 個目25ドル，2 個目35ドル，3 個目は150ドル /200ドルを徴収するが，Southwest は 2 個までの預け入れ手荷物料金を徴収せず，3 個目は75ドルの徴収のみとなっている．予約手数料や予約変更手数料も無料で

表2-4　有料サービスの例
Southwest はかなり控えめな徴収

（単位：ドル）

| 航空会社 | 預け入れ手荷物1個目 | 預け入れ手荷物2個目 | 預け入れ手荷物3個目 | 予約変更手数料 | 予約手数料(Call Center) | 子供一人旅 |
|---|---|---|---|---|---|---|
| AA | 25 | 35 | 150/200 | 200<br>75（同日） | 30-45 | 150 |
| DL | 25 | 35 | 150/200 | 200-500<br>50（同日） | 25/35 | 150 |
| UA | 25 | 35 | 150/200 | 0-1000<br>75（同日） | 25/35 | 99-150 |
| Southwest | 0 | 0 | 75 | 0 | 0 | 50 |
| JetBlue | 25/25 | 30 | 100 | 75-135 | 25 | 100 |
| Frontier | 30/40 | 40/45 | 75/80 | 75-99 | 10 | 100 |

出典：運輸政策研究機構国際問題研究所資料より筆者作成.

あり，これらを含めたトータルの料金が FSC より魅力的となっており，人気が衰えないのである.

　ちなみに Southwest はかつて国際線進出については積極的ではなかったが，AirTran との統合で事実上国際線就航航空会社になった後はメキシコやカリブ地域に進出している．2019年には運輸省から長距離線となるハワイ便就航の許可が出て，ハワイ8路線に就航した.

## (vi)　消えた LCC

　表2-5に北米で消滅した LCC を掲げた．現在アジア・パシフィックで流行っている「2ブランド戦略」の発祥地は北米であった．北米 FSC は Southwest に代表される LCC の躍進に強い危機感を感じ，その対抗策として自ら LCC 子会社を設立した．Continental と US Airways は1社だけだが，Delta，United および Air Canada は異なる時期に2社設立しいずれも失敗に終わっている.

表2-5　消えた北米のLCC

| 航空会社 | 親会社 | 運航開始(年) | 運航停止(年) |
|---|---|---|---|
| Continental Light | Continental Airways | 1993 | 1995 |
| MetroJet | US Airways | 1996 | 2003 |
| Delta Express | Delta Air Lines | 1998 | 2001 |
| Song | Delta Air Lines | 2003 | 2006 |
| Shuttle by United | United Airlines | 1994 | 2001 |
| Ted | United Airlines | 2004 | 2009 |
| Air Canada Tango | Air Canada | 2001 | 2004 |
| Zip | Air Canada | 2002 | 2004 |
| ValuJet | 独立系 | 1993 | 1996 |
| SkyBus | 独立系 | 2007 | 2008 |
| EOS | 独立系　オールビジネス　大西洋線 | 2005 | 2008 |
| MaxJet | 独立系　オールビジネス　大西洋線 | 2003 | 2007 |

出典：筆者作成.

　LCC子会社の失敗の原因はFSCのDNAをLCC子会社に持ち込んでしまったことにある．親会社の人間がLCC子会社に移籍したケースが多く，親会社と比較して待遇や労働条件でより厳しい条件を課せられるLCC子会社で働くモチベーションを維持できず，モラルが低下したという側面があった．LCCを成功させるには社員の高いモラルが必須となる．ひとつの会社の中で異なる2つのビジネスモデルを併営して成功させるためには，実は後にQantasが採用して成功した「隔離政策」が必要であった．

　現在米国系航空会社は国内線LCC子会社を保有しておらず，また北大西洋線でNorwegianなどの欧州LCCが長距離線LCCを運航している中で，米国系航空会社は参入しようとしていない．例外的にAir Canadaのみは3度目となるAir Canada Rougeを設立して運航している．

　その他の消えたLCCとしては，独立系のValuJetは事故が原因で消滅し，「一便あたり10ドルの運賃を10席」を売り物にした独立

系 SkyBus も思うように集客ができず，また大西洋線でビジネスク
ラス LCC として参入した EOS および MaxJet も燃油価格高騰など
の悪条件の中で消滅した．

### ▶企業研究　Southwest の航跡
#### ——元祖 LCC, もはや LCC ではなく, FSC に近づく——

　もともとテキサス州の域内だけを運航する州内航空会社として誕
生した Southwest だが，創業期の厳しい試練を乗り越えて，米国
国内航空自由化の波に乗って成長を続け，年間 1 億5000万人を輸送
するいまや世界トップの航空会社となった．その卓越したパフォー
マンスに「Southwest 効果」という言葉も飛び出した．ただし46年
間連続の黒字で賃金カットも難しく，生産性向上も頭打ちになる中，
ビジネス旅客獲得をターゲットとする「ハイブリッド LCC」に見
事に進化し，その存在感を維持している．以下**表 2 - 6** に従い
Southwest の歴史を振り返る（永井［2006］参照）．

#### ①　テキサス州内航空企業（1971～1978年）

　連邦政府の既成組織である民間航空委員会（Civil Aeronautics
Board, CAB）は1938年からの規制の時代には国内幹線事業への新規
参入を認めていなかったが，州内のみの輸送を行う州内航空企業
（Intrastate Carrier）は連邦政府ではなく各州政府により規制されて
いた．

　1967年11月27日，ハーバート・ケレハーらはテキサス州航空委員
会に州内航空企業 Air Southwest（後に社名を Southwest と改名）の設
立を申請した．テキサス州航空委員会が召集した公聴会ではすでに
テキサス州内路線を運航している州際企業の Braniff 航空，Trans-

## 表2-6　Southwest の航跡

| 年代 | Southwest 航空の状況，路線展開など |
|---|---|
| 1968年2月20日 | テキサス州航空委員会は Southwest の州内航空参入を認可 |
| 1968年2月21日 | Continental など既存3社はテキサス州裁判所から暫定差止め命令獲得　その後 Southwest 航空と既存3社との間で2年半にわたる法廷闘争が続く |
| 1970年秋 | 合衆国最高裁判所まで巻き込んだ法廷闘争で Southwest が勝利した |
| 1971年6月18日 | 737×3機でテキサスの＊ゴールデントライアングルでの運航を開始　＊ダラス，サンアントニオ，ヒューストンの3地点　以降テキサス州法の下で自由に事業展開，LCC ビジネスモデルを開発 |
| 1975年2月 | テキサス州ハーリンゲン乗り入れ開始 |
| 1976年 | 6月新路線に備えて737を4機発注　10月新る5地点への乗入れ認可 |
| 1977年3月～9月 | 新たな5地点への乗入れ順次開始 |
| 1978年 | 航空規制緩和法成立　Southwest のような州内航空会社のよい実績が後押し |
| 1979年9月 | ダラス＝ニューオリンズ線開始　州際企業としての初の路線 |
| ～1980年代半ば | ミシシッピー川以西の西部地域と太平洋岸南部地域に路線拡大 |
| 1985年～ | ミシシッピー川東方への路線拡大　シカゴミッドウェイへの乗入れも |
| 1990年 | 収入10億ドルを超えメジャーエアラインの仲間入り |
| 1990年～ | 全国へ路線拡大　1993年　初めて東海岸（ボルチモアワシントン）乗入れ　1994年　ユタ州の Morris 航空買収でユタ州，ワシントン州に乗入れ　1996年　フロリダ州3都市乗入れ　その後フロリダ州乗入れ拡大，ニューヨーク州，バージニア州へ |
| 2004年 | フィラデルフィア（US Airways の基地）乗り入れ　全米規模（60空港） |
| 2005年～ | ビジネス旅客をターゲットに「ハイブリッド型 LCC」にモデル変更開始　＊ハイブリッド化＝ハブ空港乗り入れ　優先搭乗　機内インターネット　GDS 経由販売など |
| 2008年～ | 2008年から2012年まで利益率低迷 |
| 2010年～ | ハイブリッド型 LCC に拍車 |
| 2011年5月 | Southwest と AirTran が合併手続き完了（統合完了は2014年12月） |
| 2014年12月 | Southwest と AirTran 組織統合完了　自動的に国際線運航会社に |
| 2014年～ | 利益率改善　国際線就航推進 |
| 2017年 | 輸送旅客数1.5億人（2017世界一）　当期利益率16.5%（2017）　運航機数747機 |
| 2018年 | 業績好調も当期利益率11.2%に下がる　燃油価格高騰の影響 |
| 2019年 | 運輸省からハワイ線就航の許可取得　ハワイ8路線に就航開始 |

出典：永井［2006］を参考とし筆者作成.

Texas 航空および Continental 航空が新規参入に反対した．しかし 1968年2月20日に同委員会は新規参入を許可した．

　設立申請が許可された翌日3社はテキサス州地方裁判所からテキサス州航空委員会決定の暫定差し止め命令を獲得した．この時から Southwest と既存3社の2年半にわたる法廷闘争と政治的駆け引きが始まった．1970年秋に合衆国最高裁判所は Southwest の参入を認める判断を下し，戦いに終止符が打たれた．

　参入路線はテキサス州のゴールデン・トライアングルと呼ばれるダラス（テキサス州北部），ヒューストン（南東部），サンアントニオ（南西部）を選択した．1971年6月18日に737-200型機3機で運航を開始し，既存企業との熾烈な競争下で Southwest によって革新的な低コスト・高クオリティモデルが醸成された．

　運航を開始して2年後（1973年）には利益が出るようになった．Southwest は2年間の運航の経験から，最大のライバルは州際航空会社ではなく自家用車であることを認識した．

　この認識に従い，次の新路線をリオ・グランデのハーリンゲン空港に決定し，テキサス州航空委員会に申請した．同空港にすでに運航している州際航空会社の Texas International は暫定差し止めの法廷闘争を行ったが，差し止め命令は出されなかった．

　運賃は州際航空会社の40ドルに対して25ドルに設定し，1975年2月にハーリンゲンでの運航を開始した．Southwest の参入により旅客数は大幅に増加した．Southwest 参入以前の1974年のリオ・グランデと3都市間の旅客数は12万3000人であったが，翌年末には32万5000人と急増した．これは後に「Southwest 効果」と呼ばれる現象であり，Southwest が新規参入するたびに起こる現象となった．

　1975年の輸送旅客数は前年比50％増の113万6000人，営業収入は

54％増の2200万ドルで，370万ドルの利益を計上した．

　Southwest は新にテキサス内のオースチン，エルパソなど5市場への就航を申請し，Braniff から再審要請があったものの許可された．1977年3月から9月にかけてこれらの市場に就航しテキサス州全体を市場とする航空企業へと成長した．路線拡大のため737-200を4機導入した．

### ②　航空規制緩和と州際企業への成長（1979〜1985年）

　1978年に航空規制緩和法が制定され，これまで規制されていた国内幹線事業への新規参入や運賃許認可制度などの経済規制が緩和された．規制緩和の背景として，州内企業で自由にビジネスを展開する Southwest が州際企業に比較してパフォーマンスが良いという事実が広く認識されることとなり，「規制の失敗」という認識が強まったことがあげられる．当時のテキサス州内路線の運賃を見ると Southwest の最安値は州際企業の半額以下であった．規制緩和により Southwest もテキサス州外への進出が可能となった．Southwest は州外への路線展開に先立ち，社内会議をそれまで培ってきた低コスト・高クオリティの短距離線ビジネスモデルを踏襲することを社内で確認した．

　初めての州外路線をルイジアナ州のニューオリンズに定めて民間航空委員会へ申請した．ダラスに新設されたダラス・フォートワース空港の関係者から猛烈な反対にあったものの，申請は認可され，1979年9月からダラス・ラブフィールド＝ニューオリンズ間の運航を開始した．しかしフォートワース選出のジム・ライト議員が出したライト修正法により Southwest はテキサス州に接する4州（ルイジアナ，アーカンソー，オクラホマ，ニューメキシコ）以外には直行便を

運航できなくなった。創業当初（1972～1973年）にダラス・フォート
ワース空港への移転を拒否したことへの報復を受けた形になった
（後にこの修正法は段階的に緩和され，2014年には制限が完全に撤廃された）．

　新路線での成功を踏まえ，1980年代の半ばミシシッピー川以西の
西部地域と太平洋岸南部地域に順次路線拡大していった（1980年 オ
クラホマ・シティ，アルバカーキー，1981年 ラスベガス，カンザス・シティ，
1982年 フェニックス，サンディエゴ，ロサンゼルス，サンフランシスコ，1983
年 デンバー）．平均路線距離が州内企業の頃は200マイル程度であっ
たが，州際企業になると400マイルを超えたため1984年に航続距離
の長い737-300機を導入した．

### ③　全国企業としての発展 （1985年以降）

　1985年に Southwest はその路線をミシシッピー川東方へと拡大
した．地域企業から全国企業への変貌の始まりとも言える．シカゴ
ミッドウェイへの乗入れを開始した．ケレハー CEO はテキサス州
での経験を踏まえ（ダラスとヒューストン）都心に近い非混雑空港を
選択した．

　1987年にはバーミングハム（アラバマ州），デトロイト線が開設さ
れた．これによりニューオリンズとデトロイト間を含む南北を結ん
だ長距離路線が増加したため737-300型機に加えて737-500型機も導
入した．1989年には多くの不採算路線からの撤退が行われて，新規
路線はオークランドとインディアナポリスだけであった．

　1990年代は Southwest の路線網は東海岸地域や南東地域（フロリ
ダ）へと拡大され，ほぼ米国全土を網羅するようになった．創業以
来ほぼ4半世紀を経てテキサス州内企業から地域企業を経て全国的
企業へと発展したことになる．1990年には年間営業収入が10億ドル

を超えメジャーエアラインの仲間入りを果たした.

　1993年にボルチモアワシントン国際空港に乗入れ, 初めて東海岸へ路線網を展開した. 同空港の運賃が高額なので参入余地があることや, ワシントンでの知名度アップを重要視した. 1994年にはユタ州ソルトレーク・シティを基地とする Morris 航空を買収した. これによってソルトレーク・シティや北西地域 (ワシントン州シアトル, スポーケン, オレゴン州ポートランド) が新に路線網に加わった. 1996年にはフロリダ州 3 都市 (タンパ・ベイ, フォートローダーデール, オーランド) に, 1997年には同ジャクソンビル (50空港目) に乗入れを開始した. 同年 Southwest は長距離線用の新型機737-700型機の初号機を受領した. 1999年にはアイリップ (ニューヨーク州), 2000年にはニューヨーク州のオールバニーやバッファローへの新たな運航が開始された. 2001年にフロリダ州ウェスト・パーム・ビーチ, やバージニア州ノーフォーク, が乗入れ都市に加わった.

　2004年 5 月 9 日に US Airways の基地フィラデルフィアに乗り入れを開始し, 就航都市数は全米規模で59都市 (60空港) となった.

　これ以降前述のように2005年頃からビジネス旅客をターゲットに「ハイブリッド LCC」にモデル変更を開始し, ハブ空港乗り入れ, 優先搭乗, 機内インターネットや GDS 経由販売などを開始した. 2008年から2012年まで利益率低迷する中ハイブリッド型に拍車をかけた. 2014年12月に Southwest と AirTran 組織統合完了し自動的に国際線運航会社になった. 2014年以降ハイブリッド化が奏功し利益率が大幅に改善した. 国際線にも積極的に進出しており, 2019年にハワイの 8 路線への乗り入れを実現した.

④　Southwest 効果

　「Southwest 効果」とは1993年に米国運輸省が発表したレポートのタイトル「The Airline Deregulation Evolution Continues: The Southwest Effect」の中で使われたフレーズであり，世界的に広く認知されている．「Southwest 効果」とは次の３つの要素からなると言われている．

① その市場に新に参入した航空会社が供給を増やし運賃を下げる——Southwest は新規に参入した市場で供給を増やし，その路線を独占していた既存航空会社よりもはるかに安い運賃を提供する．

② 既存航空会社は運賃を下げる——Southwest がその市場に参入して乗客を奪われることを回避するため，利益を犠牲にしてでもSouthwest と競争して運賃を下げざるを得なくなる．

③ その市場のすべての航空会社の売上が増加する——その市場ではSouthwest の参入とそれに対応する航空運賃の下落は，ビジネスを刺激し，航空輸送の需要が増加する．これによりその市場に乗入れているすべての航空会社の収益が増加し，時には純利益が増加する．

## 2　西欧航空市場

### (1)　西欧の航空事情
　　　　——依然 FSC と LCC の戦いが続く——

### (i)　LCC のシェア40％超に
　表２‐７に示すように西欧域内の LCC 座席シェアは2018年に43.5％に達し，先進国では最も高く，2009年の35.7％から7.8pts 伸びている．西欧では特に2000年以降 LCC の進出が活発化し，2012年

## 表 2-7　西欧航空市場・業界概観

| 供給座席数<br>（百万） | 2012年 | 2018年 | 伸び率<br>（%） |
|---|---|---|---|
| 域内 | 715 | 909 | 27 |
| 国際 | 186 | 272 | 47 |
| 内際合計 | 901 | 1,182 | 31 |

座席数はコードシェア便も加算されるため
実際よりも多く出る場合あり.

| LCC 座席<br>シェア(%) | 2009年 | 2018年 | 伸び率<br>(pts) |
|---|---|---|---|
| 国内 | 35.7 | **43.5** | 7.8 |
| 国際 | 12.7 | 20.9 | 8.2 |

| 航空機運航機数 | 航空機発注残 |
|---|---|
| 5,195 | 1,276 |

| 航空会社 | FSC/LCC | 旅客数<br>（百万） | 運航機数 | 発注残 | LCC 子会社, 他 |
|---|---|---|---|---|---|
| IAG | FSC/LCC | 104.8 | 625 | 152 | Vueling, Level |
| Lufthansa Grp | FSC/LCC | 130.4 | 787 | 229 | Eurowings |
| AF-KLM Grp | FSC/LCC | 83.9 | 540 | 52 | Transavia, Joon(中止へ) |
| Ryanair | LCC | 130.0 | 450 | 135 | 独立系 |
| easyJet | LCC | 88.5 | 316 | 124 | 独立系 |
| Norwegian Grp | LCC | 33.1 | 158 | 209 | 独立系 |
| Vueling | LCC | 29.6 | 116 | 39 | IAG 子会社 |

旅客数は2017年度実績.
出典：CAPA データをもとに筆者作成.

に座席数シェアが40％を突破した. それ以降は緩やかな成長となっている. Ryanair, easyJet, Norwegian および Vueling の LCC トップ 4 だけでも 2 億8000万人を輸送しており, 域内全体の LCC 輸送量は 4 億人にも達する勢いである.

　西欧での LCC 浸透率が高い理由は EU（European Union）の経済統合に伴う航空市場統一である. 表 2-8 に示すように EU は1988年から段階的に国際航空を自由化し, 最終的に1997年 4 月 1 日に完全な統一航空市場となった. また EU 内共通免許規定が定められ, EU 域内国で認められた航空に関する資格は EU 全域で認められることとなった. また EU 域内の航空会社は EU キャリアというステ

表 2 - 8　EU の段階的航空自由化

| | 伝統的航空協定 | パッケージ 1 | パッケージ 2 | パッケージ 3 |
|---|---|---|---|---|
| 発効日 | | 1988年1月1日 | 1990年11月1日 | 1993年1月1日 |
| 輸送力 | 50：50<br>（機会均等が原則） | 60：40 | 67.5：32.5<br>（90年11月から）<br>75：25<br>（91年4月から） | 規制撤廃 |
| 運賃 | Double Approval 方式 | Double Approval 方式（2ゾーン制） | Double Approval 方式（3ゾーン制） | Double Disapproval 方式による自由設定 |
| 市場参入 | 具体的な規定なし | 一定量以上の需要に達した路線は複数指定となる | 主要空港と地方間路線は自動認可，年間14万人以上を超える路線は複数社可 | 参入規制撤廃 |
| 運輸権 | 特定の規定なし<br>カボタージュ不可 | 特定の規定なし<br>カボタージュ不可 | 第5の自由の運輸権行使は全輸送力の50％まで | 第5の自由<br>★カボタージュの完全自由化は1997年4月1日より発効 |
| 共通免許規定 | なし | なし | なし | EU内共通免許規程（EU航空企業）<br>EU企業の資格要件 |

出典：戸崎 [1995].

ータスとなり，EU 域内であれば自由に路線を開設でき，運賃も自由に設定できるようになった.

　この自由化の恩恵を最大限に享受して成長したのが LCC といえる. 市場統合以前は，British Airways, Lufthansa, Air France などの FSC の支配下にあった EU 航空市場だが，国境の概念がなくなったため EU 域内の航空会社であれば域内の任意の地点から任意の地点に自由に就航することが可能となった. いまや Ryanair や easyJet などの独立系の LCC がその主役になっているといっても過言ではない. EU はまた地理的にも拡大しており，1995年には15カ国であったが，現在では中・東欧各国などが追加加盟したこともあって28カ国に増えており，LCC がさらに成長する機会となっ

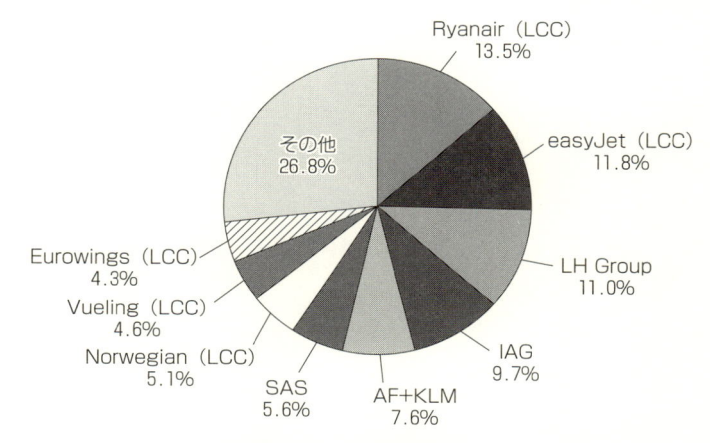

**図2-8 「西欧域内市場」供給座席数シェア**（2018年10月）
出典：CAPA データをもとに筆者作成.

ている.

　EU 域内の住民の移動手段として1995年には鉄道と航空がほぼ同じ利用状況であったが，2016年には航空が鉄道の1.6倍になった.また移動手段のシェアとしては鉄道がこの間6.6％と変わらなかったのに対して航空は6.5％から10.5％へと 4 pts 増加している（EU レポート）.

　西欧域内の勢力図を見てみよう．図2-8の西欧域内市場の供給座席シェアで示すように Ryanair の13.5％，easyJet の11.8％，Lufthansa グループ（除LCC）11.0％，IAG の9.7％（除LCC），Air France-KLM の7.6％，SAS の5.6％と続く．その次は LCC の 3 番手 Norwegian グループの5.1％であり，その後に IAG 系 LCC の Vueling が4.6％，Lufthansa 系 LCC の Eurowings が4.3％と続く.

　大手と異なり支配市場の小さい中・小規模キャリアは LCC の攻勢にさらされて経営が悪化し，Swiss 航空，Sabena Belgium 航空，

ハンガリーの国営 Malev 航空などが経営破綻した．イタリアのフ
ラッグキャリア Alitalia 航空は 3 度にわたり経営破綻に追い込まれ，
現在政府が買収先を探しているが，交渉が長引いている．また経営
破綻は LCC も例外ではなく過去には SkyEurope や FlyGlobespan
が，最近の2017年には Airberlin と Monarch Air が経営破綻に追
い込まれた．easyJet が Airberlin の25機の A320 リース機とベル
リン Tegel 空港の発着枠と予約を4000万ユーロで，Lufthansa が
NIKI およびリージョナルの LGW を 2 億1000万ユーロで獲得した．

## (ii) LCC の動向

　図 2 - 9 に示すように Ryanair の2017/18年度の旅客数は 1 億
3000万人で，日本の航空会社すべての輸送実績にも匹敵する．換言
すれば Ryanair が 1 社で日本航空，全日本空輸，中堅航空会社，
LCC およびリージョナル航空会社の輸送量（1 億2000万人）全部を
一手に引き受けても余りある実績である．欧州 LCC 2 番手の
easyJet も FY17/18年度に8850万人を輸送し，両社とも文字通り世
界のトップクラスの航空会社に成長している．1995年度には Ry-
anair の輸送旅客数がわずか226万人，easyJet が11月に就航したば
かりであったことを考えると，まさに驚異的な成長といえる．

　Ryanair は FY13/14年度頃に旅客数の伸び悩みを認識しており，
この状況を打開するために FY14/15年度から "Always Getting
Better（AGB）" 戦略を導入し，サービス改善に着手した．図 2 - 9
に示すようにこの戦略が奏功し再び旅客数が二桁台の伸びを回復し
た．AGB の具体的な内容は，事前座席予約導入，GDS 経由予約導
入，ハブ空港への乗り入れ，持ち込み手荷物規則緩和，アプリ改善
などである．また定時到着率で欧州トップの座を維持することも

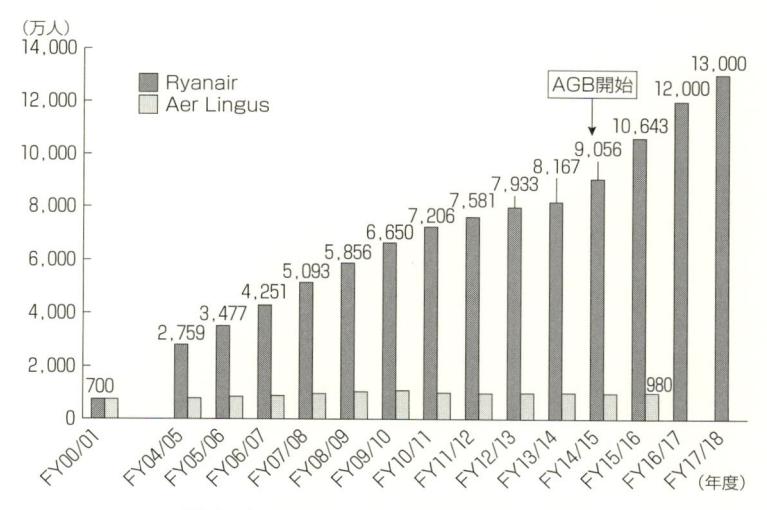

**図 2 - 9　Ryanair と Aer Lingus 旅客数**
出典：CAPA, Ryanair ホームページから筆者作成.

AGB の一環となる重要な品質としている.

　ちなみに2000年度は輸送旅客数がアイルランドの国営 Aer Lingus と同じ700万人であったが，15年後には Ryanair が10倍以上なっており，攻める会社と守る会社の差が浮き彫りとなっている.

　Ryanair は利益率でも突出している. **図 2 - 10**に示すように営業利益率が最近 2 年間で20％以上になっている. 2000年代も20％以上の利益率を誇っており，またそれ以外でも二桁を確保している. これは航空会社としては大変高い利益率である. 例外的に FY09/10年度は3.1％と低かったが，これは Ryanair が燃油ヘッジをしていなかったため燃油価格高騰の影響をもろに受けたためである. これ以降 Ryanair は一定の割合で将来使用する燃料をヘッジするようになった.

　**表 2 - 9** に Ryanair とライバルの easyJet の比較表を示す. easy-

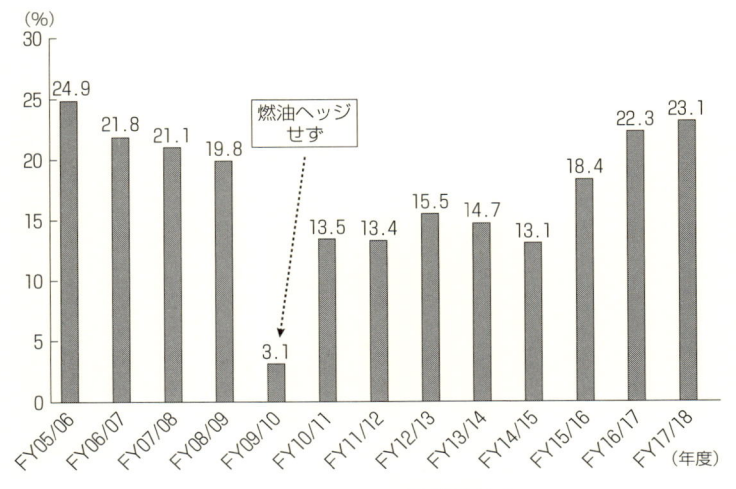

図 2-10　Ryanair 営業利益率

出典：Ryanair ホームページ.

表 2-9　Ryanair vs easyJet

| | Ryanair（2018年 3 月） | easyJet（2018年 9 月） |
| --- | --- | --- |
| 運航開始 | 1985 | 1995 |
| 有償旅客数 | 1 億3000万人 | 8850万人 |
| 就航地点／基地数 | 234地点 /92基地 | 156地点 /40基地 |
| 路線数 | 1900 | 979 |
| 平均飛行距離（km） | 1250 km | 1101 km |
| 座席利用率 | 95.0%（＋1pts） | 92.9%（＋0.2pts） |
| 機材 | 737-800×450 | A319×125，A320×168　neo×19 |
| 航空機発注残 | 166 | 125 |
| 従業員数 | 14,500 | 12,000（推定） |
| 総収入 | 71億5000万ユーロ | 58億9800万ポンド |
| 当期利益 | 14億5000万ユーロ | 3 億5800万ポンド |
| 当期利益率 | 22.0% | 6.1%（Tegel 買収除外で8.4%） |
| 平均運賃 | 39ユーロ | 53ポンド |
| 付帯収入比率 | 28.2% | 20.5% |
| 平均飛行時間（ASK） | 2 時間22分 | 2 時間04分 |

出典：CAPA，Ryanair および easyJet ホームページ.

Jet はビジネス客の獲得を視野に入れており，戦略が Ryanair と対照的な面が多い．同一路線での高い運航頻度である．とにかく路線を拡大したい Ryanair と対照的に，easyJet は同一路線で運航頻度を上げることに主眼を置いている．easyJet は多頻度運航とハブ空港への積極的な乗り入れでビジネス客にアピールしている．

　両社とも搭乗率が大変高く FY17/18年度では Ryanair が95.0%，easyJet が92.9%とかなり高い水準である．平均運賃は Ryanair が39ユーロ（約5000円）とかなり安く，easyJet は53ポンド（約7400円）と LCC にしては少し高めである．また両社とも運賃以外の付帯収入の獲得に力を入れており，Ryanair は旅客1名あたり15.5ユーロで全体の収入の28.2%を占め，easyJet も同13.7ポンドで20.5%を占めている．

　平均飛行時間は両社とも2時間ちょっとであり典型的な短距離線型 LCC といえる．両社が長距離線 LCC に直接参入する動きは今のところない．これと対照的なのが最近躍進している LCC ナンバー3の Norwegian Group である．Norwegian は2013年から欧州域外の北大西洋やアジアなどへの長距離路線にも進出しており，大手 FSC 3社が対応を迫られている（詳細第4章で後述）．

### (iii)　FSC の動向
##### ——合併と2ブランド戦略——

　2000年以降の LCC の躍進とともに FSC は大きな収入源であった欧州域内線で旅客を奪われ，業績も大幅に悪化した．そのため FSC 各社はこぞって買収・合併に踏み切り，統合化が進展した．規模の経済が機能する航空業界は規模を大きくすることによってコストが削減され，より有利に戦えるということである．また再び

### 表2-10 欧州航空会社の合併・吸収の経緯

| 日 付 | 内 容 |
|---|---|
| 2009.01.13 | Alitalia と Air One が合併（イタリアの投資会社 CAI の子会社となる）. |
| 2009.02.26 | AirFrance/KLM が Alitalia の株式の25%（当時）を取得. |
| 2009.06.22 | EU は Lufthansa の Brusseles の株式の45%取得を承認. |
| 2009.09.03 | Lufthansa は Australian の株式の90%以上を取得. |
| 2009.09.30 | Lufthansa は BMI の残りの株式35%を取得し100%子会社とした. |
| 2010.04.08 | British Airways と Iberia は最終合併契約を交わした. |
| 2011.01.21 | IAG が British Airways と Iberia の親会社となり，合併が完了した. |
| 2011.03.12 | Lufthansa は欧州でのエアラインの買収計画は無いと発表. |
| 2011.12.23 | Lufthansa は子会社の BMI を British Airways の親会社 IAG に売却. |
| 2012.01.25 | アラブ首長国連邦の Etihad が Airberlin の株式29.21%を取得. |
| 2012.01.31 | スペインの Spanair がすべての運航を停止し，倒産した. |
| 2012.02.03 | ハンガリーの Malev が運航を停止し，倒産した. |
| 2012.04.20 | IAG は Lufthansa から BMI とその子会社 BMI Regional 及び Bmibaby を買収した.<br>その後 BMI は2012.10までに British Airways に統合. BMI Regional は2012.05に Sector Aviation Holdings に売却され，Bmibaby は2012.09に営業を停止した. |
| 2012.12 | 米国の Delta は Virgin Atlantic の株式の49%を取得. |
| 2013.04 | IAG は Iberia が保有保有していた株と合わせて Vueling の90.5%の株式を取得し IAG 傘下とした. |
| 2013 | Alitalia の筆頭株主だった Air France/KLM は追加出資を見送り持ち株比率が低下，Alitalia は Air France/KLM 傘下から外れた. |
| 2014.08 | アラブ首長国連邦の Etihad は Alitalia の株式49%を取得. |
| 2015.09.01 | IAG はアイルランド政府，Ryanair，Etihad から Aer Lingus の株を購入，98.05%を獲得し Aer Lingus を IAG 傘下とした. |
| 2016.08.01 | Qatar Airways は IAG の保有株式を徐々に増やし，保有率を20.01%に引き上げた. |
| 2017.05 | Alitalia は3度目の経営破綻で政府管理下に，買収先を選定開始. |
| 2017.07.27 | Air France KLM は英 Virgin Atlantic の株式31%を取得すると発表. |
| 2017.08.15 | Etihad の支援打ち切りにより AirBerlin が破産手続きを申請，2017.10に運航停止. |
| 2017.10.02 | 英 LCC の Monarch 航空が破綻. |

出典：日本航空機開発協会 [2018].

### 表2-11　欧州のFSC事情

| ✦FSCの合併，吸収の動き |
|---|
| ✦Lufthansa＋Swiss＋Austria＋Brussels<br>✦Air France＋KLM<br>✦British Airways＋Iberia＋British Midland＋Aer Lingus |
| ✦ 資本参加の動き |
| ✦Alitalia 2度目の経営危機で，中東のEtihadが49%出資で救済<br>✦Alitaliaは3度目の経営破綻で政府が売却へ |
| ✦LCC子会社の活用，最近長距離線にも参入開始 |
| ✦Lufthansa：Eurowings　長距離線も参入<br>✦Air France-KLM：Transavia, Joon（2019年6月運航停止へ）<br>✦IAG：Vueling（バルセロナ基地），Iberia Express（マドリッド基地），Level（長距離線） |
| ✦ 国際提携強化 |
| ✦ 大西洋線で独禁法適用除外（ATI）活用，より緊密な提携 |
| ✦中東航空会社の欧州航空企業への出資 |
| ✦Etihad：Alitalia/Airberlin（両社とも経営破綻）<br>✦Qatar：IAG（20%） |

出典：筆者作成.

「2ブランド戦略」を採用し始めたことも注目点である.

　欧州航空会社の合併・吸収の経緯について**表2-10**, **表2-11**で説明する. 買収に早くから積極的に動いていたのがLufthansaであった. 経営破綻したSwissを2005年に買収したのを始め2009年にBrusselsとAustriaを買収した. 2009年にロンドンヒースロー空港に多数のスロットを保有するBritish Midlandグループを完全買収したが，その後IAGに売却した.

　LCC子会社について以前はGermanwingsに積極的に路線を移管していたが，墜落事故を起こしたことからこれらの路線のEurowingsへの移管を行い，完了した. 最近はEurowingsの長距離線市場への路線を拡大中である.

British Airways と Iberia は2010年10月に合併契約を交わし翌年 IAG が親会社となり合併が完了した．その後 IAG は積極的な買収戦略を展開し，2012年に Lufthansa から British Midland グループを，2015年には Ryanair および Etihad から株式を購入しアイルランドの Aer Lingus を IAG 傘下とした．

LCC 子会社の Vueling はバルセロナを基地に116機を運航（発注残は39機）しており2018年の輸送旅客数も3000万人に達するとみられ，LCC の草刈場であるスペイン市場で善戦している．この他マドリッドを基地とする LCC の Iberia Express（22機運航）と長距離線 LCC の Level（2機運航）を子会社として持っている．

Air France は KLM と2004年に経営統合を果たし，路線の合理化や2空港ハブ戦略で統合効果を実現していた時期もあったが，最近業績が低迷しており，また目立った合併・買収の動きもなく，全体的に活動も停滞気味である．賃金交渉や LCC 子会社の拡大問題などで従業員の示威行動などもあり経営に悪影響が出ている．LCC 子会社としてパリのオルリー空港を基地とする Transavia France（29機運航）を有している．これ以外に新たな子会社 Joon を設立して一旦長距離線に投入を開始したが，早々に運航中止を決めた．

図2-11は欧州主要航空会社の FY14/15年度 から FY17/18年度までの営業利益率の推移である．Ryanair の利益率は20％前後と一番高く，easyJet は10％台が3年続いた後 FY17/18年度 に8.5％に下がった．FSC で一番業績が良いのは IAG で，最近3年連続で二桁台に乗せている．Lufthansa も一桁台であるが尻上がりである．FSC の中で一番業績が悪いのが Air France-KLM で利益がほとんど出ていない．前述のように企業活動が停滞していることと関連がありそうだ．

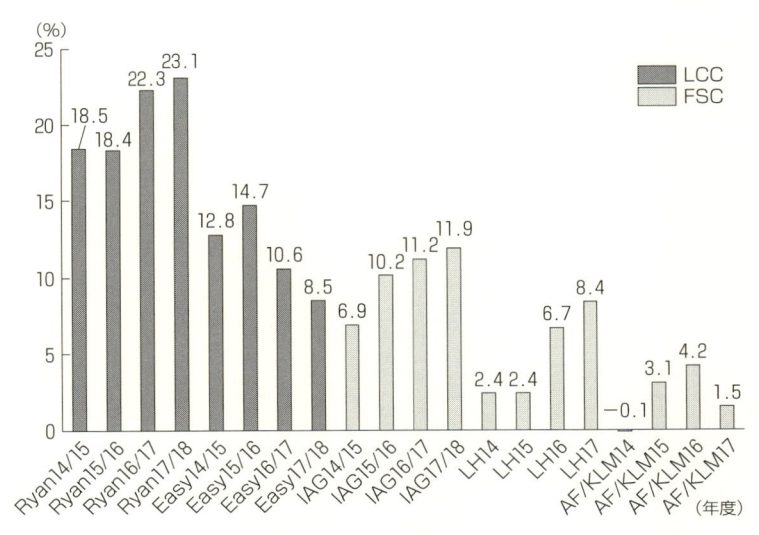

**図 2 - 11　欧州主要航空会社営業利益率**（FY14/15～ FY17/18年度）
出典：CAPA データおよび各社レポートをもとに筆者作成.

　FSC は国際提携を活用して長距離国際線を LCC から守ることが
ますます重要になっている. 国際提携を活用してより緊密な提携を
行うためには独禁法適用除外（ATI）の承認が重要だ. 現在大西洋
線では Star Alliance の United/Air Canada/Brussels/Lufthansa/
Swiss/Austria/SAS/LOT/TAP, SkyTeam の Delta/Air France-
KLM/Alitalia/（VirginAtlantic）, Oneworld では American/British
Airways/Iberia/Finair/Royal Jordan が欧米当局から ATI を承認
されている.


## ▶企業研究　Ryanair の航跡
### ──サービス改善策 AGB で再成長──

倒産寸前だった Ryanair は湾岸戦争の 1 年前に LCC ビジネスモ

## 表 2 - 12　Ryanair の航跡

| 年度 | 旅客数<br>（万人） | 社員数 | トピックス |
|---|---|---|---|
| FY85/86 | 1 | 51 | |
| FY86/87 | 8 | 151 | BAE748×2 |
| FY87/88 | 32 | 212 | BAC1-11×3　Dublin＝London（Luton）開始　運賃99ポンド |
| FY88/89 | 59 | 379 | BAC1-11×6　ATR42×1 |
| FY89/90 | 64 | 477 | BAC1-11×6　ATR42×3 |
| FY90/91 | 75 | 493 | 累積赤字2000万ポンド　欧州初の LCC にモデルチェンジ　最低往復運賃59ポンド |
| FY91/92 | 65 | 477 | BAC1-11×6　London の空港を Luton から Stansted に変更　黒字計上 |
| FY92/93 | 95 | 507 | BAC1-11×7　路線を19から6路線に減少，しかし格安運賃で旅客数増加 |
| FY93/94 | 112 | 503 | BAC1-11×11　Dublin から5年ぶりに新路線　EU 航空市場統一（ほぼ完了） |
| FY94/95 | 166 | 523 | 737×8　機材を BAC1-11から737に全面更新 |
| FY95/96 | 226 | 523 | 737×11　Dublin＝London 路線で BA，EI を抜いてトップに |
| FY96/97 | 295 | 605 | 737×12　Best Value Airline に |
| FY97/98 | 373 | 659 | 737×21　Stansted から欧州大陸に4路線運航開始　EU 航空市場完全統一 |
| FY98/99 | 463 | 892 | 6路線新設，新型737-800を45機発注 |
| FY99/00 | 536 | 1,094 | 737-800導入　新路線新設ラッシュ |
| FY00/01 | 700 | 1,262 | Web 販売開始　737-800×13機に |
| FY01/02 | 936 | 1,467 | ブラッセルの Charleroi に乗り入れ（多額の補助）737×18 |
| FY02/03 | 1,574 | 1,547 | FRA の Hahn を基地，10機常駐　125機発注，125機オプション |
| FY03/04 | 2,313 | 1,746 | KLM 子会社 Buzz を買収　古い737-200の退役，737-800との入れ替え進む |
| FY04/05 | 2,759 | 2,288 | 737-200の退役，737-800との入れ替え進む |
| FY05/06 | 3,477 | 2,700 | 737-200の退役，737-800との入れ替え進む |
| FY06/07 | 4,251 | 3,991 | 3月に100機目の737-800受領 |
| FY07/08 | 5,093 | 5,262 | 737-800×163　旅客数＋20％増　雇用1400人＋増 |
| FY08/09 | 5,857 | 6,369 | 737-800×181　旅客数＋15％増 |
| FY09/10 | 6,650 | 7,245 | 737-800×232　燃油価格高騰　平均運賃35ユーロ |
| FY10/11 | 7,206 | 8,070 | 737-800×272　燃油価格高騰　平均運賃39ユーロ |
| FY11/12 | 7,581 | 8,438 | 737-800×294　燃油価格高騰　平均運賃45ユーロ |
| FY12/13 | 7,933 | 9,137 | 燃油価格高騰　平均運賃48ユーロ |
| FY13/14 | 8,167 | 9,394 | 燃油価格高騰　平均運賃46ユーロ |
| FY14/15 | 9,056 | 9,500 | Always Getting Better（"AGB"）開始，サービス改善　主要空港乗り入れ開始 |
| FY15/16 | 10,643 | 11,458 | "AGB" 2年目　平均運賃 46ユーロ　ロードファクター（L/F）93％ |
| FY16/17 | 12,000 | 13,026 | "AGB" 3年目　アプリ改善　学生，グループ旅行　平均運賃41ユーロ　L/F94％ |
| FY17/18 | 13,000 | 14,500 | 737×450＋"AGB" 4年目　Rome，Milano 等からの乗り継ぎサービス開始　平均運賃39ユーロ　L/95％ |

出典：Ryanair のホームページから筆者作成.

デルに切り替えたことで倒産をかろうじて免れた．その後欧州航空市場統一という追い風にタイミングよく乗り，米国同時多発テロでFSC が軒並み業績悪化する中で目覚しい成長を遂げた．現在欧州でナンバー 1，国際線輸送実績（旅客数）でも世界ナンバー 1 の航空会社にのぼりつめた．2014年からは Always Getting Better（AGB）というサービス改善を目的としたプログラムを導入し，一時伸び悩んだ旅客数が再び大幅に伸び始めた．FY17/18年度の平均運賃は約39ユーロと安く，搭乗率は95％と驚異的な水準である．営業利益率も23％と航空業界としては突出した高い利益率だ．以下**表2 - 12**に従い Ryanair のこれまでの歴史について説明してゆく．

### ①　創　設　期

　Ryanair は1985年に15人乗りの Bandeirante 機でアイルランド南東にある Waterford＝London Gatwick 路線に就航を開始した．社員は Ryan 一族25名で，輸送旅客数は5000人であった．

　翌年 Ryanair は英国航空と Aer Lingus の独占である Dublin＝London Gatwick 路線に46席の BAE748 で就航した．英国航空／Aer Lingus の最低往復運賃209ポンドの半額未満の99ポンドの運賃を提供し，両社はこれに対抗して運賃を大幅に下げた．Ryanair はヨーロッパで最初の運賃戦争を仕掛けた航空会社となった．2 路線で 8 万2000人を輸送した．

　FY87/88年度はルーマニアの Tarom 航空から最初のジェット機となる 3 機の BAC1-11 航空機をリースした．パイロットと整備士を含めた完全なウェットリースとし，3 機で15の定期路線を運航した．32万人を輸送した．

　FY88/89年度は Tarom 航空から追加で 3 機の BAC 1-11 をリー

スし，また，より小規模市場への参入のため GPA から ATR 42 ターボプロップ機をリースした．輸送旅客数は59万人である．

FY89/90年度は追加で2機の ATR42 をリースした．古い機材を引退し6機の BAC1-11と3機の ATR42 という機材構成となった．損失が続くためビジネスクラスを中止した．64万人を輸送した．

## ② 倒産寸前で LCC にモデルチェンジ

FY90/91年度は3年間の急激な事業拡大と英国航空および Aer Lingus との激しい運賃競争で2000万ポンドの累積赤字となり，本格的なリストラを実施した．Ryanair はさらに2000万ポンドを投資し Southwest の LCC ビジネスモデルを導入し，欧州初の LCC として再出発した．高頻度のフライト，単一の航空機材，無料ドリンクと食事の廃止により最低往復運賃を99ポンドから59ポンドに下げた．この航空券を得るために旅客は長い列を作った．予想通りアイルランドに行き来するフェリー客を取り込むこと成功し，年間75万人を輸送した．

FY91/92年度は1月の湾岸戦争の勃発で旅客が大幅に減少した．運賃値下げで対応し，3機の ATR 42を返却した．3地点からの路線から撤退し，5月に主要基地を London Luton 空港から鉄道リンクでロンドンの中心部へ直通で行ける London Stansted 空港に切り替えた．需要が減少したものの29万3000ポンドの初めての利益を計上した．輸送旅客数は65万人である．

FY92/93年度はリストラを継続し19路線から6路線に削減した．BAC 1-11を6機から7機に増やし運航頻度を高め運賃を下げた．路線の減少にもかかわらず輸送旅客数が45％以上増加し，8月には初めて1カ月で10万人の旅客を輸送，年間では95万人を輸送した．

　1993年の EU の経済統合にあわせて統一航空市場がほぼ完成した（カボタージュの制限を一部残す）．FY93/94年度は 5 年間で最初の新路線となる Dublin＝Birmingham 路線でデイリー便を開始した．アイルランド政府から Aer Lingus を「動揺させる」ので運航しないようにとの警告があった．BAC 1-11を 4 機追加して11機体制とし，古い BAC1 を1994年に退役するためにボーイングと直接 6 機の737購入の契約を締結した．輸送旅客数は112万人で初めて年間で100万を突破した．

　FY94/95年度は 1 月に初のボーイング737を受領し，4 月に Dublin から Manchester，Glasgow Prestwick の 2 つの新路線を立ち上げた．合計 8 機の737を同年内に受領し年末に最後の BAC 1-11 を退役．10月には Aer Lingus が撤退した Dublin＝London Gatwick 路線に就航した．旅客数は166万6000人である．

　FY95/96年度は Ryanair が欧州で最大の定期国際路線である Dublin＝London 路線で英国航空と Aer Lingus を抜いて最大の航空会社となった．同時にダブリンに発着するすべての路線で最大のアイルランドの航空会社になった．9 月には London Stansted＝Glasgow Prestwick 路線に参入し，英国国内線に参入した初の LCC となった．737を 4 機追加し11機になり，輸送旅客数226万人で初の200万人突破となった．

### ③　航空自由化の波に乗り未曾有の快進撃──旅客数が10年で10倍

　1997年 4 月 1 日にカボタージュ運航が完全に開放された時点で完全統一市場が完成した．この時点から EU の航空会社は制限なく EU 域内を自由に運航できるようになった．FY97/98年度に Ryanair は Stansted 空港からまず欧州大陸に 4 路線就航を開始し，FY98/99

年度はさらに 6 路線を開設した．また新型の737-800を45機発注した．輸送旅客数は463万人となった．FY99/00年度は737機を導入し，新路線就航ラッシュとなった．FY00/01年度に Web 販売を開始，輸送旅客数は700万人となった．

　FY01/02年度は同時多発テロの影響で FSC が軒並み需要低迷により業績が悪化する中で Ryanair では旅客数が対前年比34％増の936万人となった．この年はブラッセルのシャルルロワ空港を基地として就航（5機常駐）たこと等もあり 8 月単月で100万人を輸送した．Ryanair として 1 カ月で100万人を超した最初となった．ちなみに就航にあたりシャルルロワ空港から多額の補助金を得たことが国家補助に当たるとして，FSC から EU 司法裁判所に訴訟を起こされた．その後 EU 司法裁判所は補助金に対するガイドラインを設定した．

　FY02/03年度はフランクフルトの遠隔地にあるハーン空港を基地として就航した（10機常駐）．自分の縄張りに LCC が参入するのを阻止したい Lufthansa は空港のネーミングにフランクフルトを使うのは誤った情報であり取り消すべきとのクレームを出し法廷で争ったが不発に終わった．輸送旅客数は対前年737-800を125機大量発注した．この年は対前年比68％増の1574万人となった．将来の需要増を見越して737-800を125機確定発注，125機をオプションとした．大量発注により航空機の価格を大幅にディスカウントできた．

　FY03/04年度は KLM から LCC 子会社 Buzz を買収し事業規模拡大を図った．輸送旅客数は対前年比47％増の2313万人となったが Buzz の200万人が加算されている．

　その後欧州大陸に多数の基地を展開し欧州域内に広く路線網を展開し，旅客数も順調に伸びて行った．FY08/09年度に国際線輸送旅客数で世界一に，FY10/11年度には旅客数が7200万人となり，FY00/01

年度には700万人だった旅客数がわずか10年で輸送旅客数が10倍以上になった．FY15/16年度に1億人を突破し，FY17/18年度には1億3000万人となった．現在737-800を450機運航し，発注機材残は160機を越える．234地点に就航し，92の基地を持ち，路線数は1900である．

このように成長を遂げた Ryanair には従来とは違った問題が待ち受けている．Ryanair に新たに労働組合が誕生し，各基地の従業員と頻繁な労使交渉を余儀なくされている．また，パイロット不足で欧州でも引き抜き合戦の横行や給与大幅アップ要求などで人件費が急速に高騰している．さらに，Brexit（英国の EU 離脱）という先が読めない事態に直面している．Ryanair は FY22/23年度に輸送旅客数2億人を予想しているが，果たして目標を達成できるのか，今後の手綱捌きから目が離せない．

### ④　サービス改善プログラム AGB 導入で人気回復

FY10/11年度から FY13/14年度にかけて旅客数が7206万人から8167万人と4年間で13％しか伸びておらず需要がスローダウンしていた．Ryanair は "運賃は安いがサービスもいまいち" という評価も少なからずあった．そこで Ryanair は FY14/15年度に "Always Getting Better（AGB）" プログラムを開始した．AGB はサービスの改善を図り「安くても良いサービスを」提供しようとする戦略であった．具体的な内容は，事前座席予約導入，GDS 経由予約導入，ハブ空港への乗り入れ，持ち込み手荷物規則緩和，アプリ改善，苦情対応部門のオープン，などである．また定時到着率で欧州トップの座を維持することも AGB の一環となる重要な品質としている．

AGB 戦略は奏功し需要が再び加速している．旅客数が FY13/14年度の8167万人から FY17/18年度は1億3000万人と59％も増加し

ている．AGB は毎年メニューが変更・追加されて行くが，Ryanair も Southwest と同じように巨大 LCC となった宿命としてハイブリッド型 LCC に進化しつつあるようだ．

⑤ Ryanair の CEO Michael O'Leary 氏

現 Ryanair の CEO Michael O'Leary 氏は1987年に Tony Ryan の個人的な財務・税金担当者として雇用された．1990年に多額の負債で倒産しそうになった時に米国に派遣され Southwest の LCC ビジネスを学んだ．1994年 1 月に Ryanair の CEO に昇格したが，様々な話題を提供するユニークなキャラクターで知られる．

# 3 アジア・パシフィック航空市場

## (1) アジア・パシフィックの航空事情
### ——東南アジア LCC5 割超で急成長——

戦後の世界の航空市場の発展は欧米がリードし，アジアは遅れてそれに追従するというパターンが半世紀の長きにわたり続いていた．しかし特に21世紀に入ってからアジアの航空市場が大きく様変わりしている．域内経済の発展，相互緊密化，航空自由化および消費者の所得水準向上などの相乗効果で航空需要が急増し，規模においてもすでに欧米市場を凌駕している．またこれまでのような従属的な動きを脱皮して市場の変化をリードするまでになってきている．アセアンの経済統合化の成立により域内国際航空市場も多国間オープンスカイとなり，ますます域内の人・モノの流動が活発化している．そして最も重要なことは，この地域の発展はまさに今始まったばかりであり，今後の成長のポテンシャルもかなり大きいということだ．

　そしてここでも欧米市場と同様，市場変化の中心的な役割を演じているのがLCCであり，急拡大しながら市場に変革をもたらしている．そしてLCCの進出に危機感を抱いたFSCはLCCに対抗するために「2ブランド戦略，マルチ・ブランド戦略」を積極的に採用しLCC子会社を併設して対抗している．この結果競争促進が一層進み域内の旺盛な需要喚起に結びついている．また，国境の壁を克服すべく「合弁会社」を設立して自国外へのブランド拡大を図っている．

### （i）　アジアの航空事情（東南アジア主体の内容）

　アジア航空市場は1997年のアジア経済危機で低迷し同時期に自由化で躍進中の欧州に後れをとったが，21世紀に入りアジア市場の経済成長と相まって航空市場も勢いよく成長し始め，**図2-12**に示すように2011年に旅客輸送規模でついに欧米を追い越し，2017年には世界全体の36.5%を占めるまでになった（これは中国，インド，オセアニアなどを含んだ数字である）．

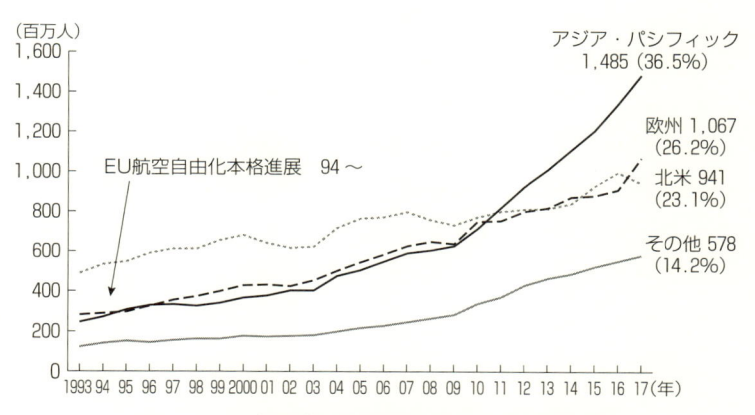

**図2-12　主要地域別航空会社輸送旅客数推移**

出典：ICAO Annual Report から筆者作成.

表 2 - 13　東南アジア航空市場・業界概観

| 供給座席数<br>(百万) | 2009年 | 2018年 | 伸び率<br>(%) |
|---|---|---|---|
| 域内 | 152 | 402 | **165** |
| 域外 | 50 | 123 | **150** |
| 合計 | 202 | 525 | **160** |

座席数はコードシェア便も加算されるため
実際よりも多く出る場合あり.

| LCC 座席<br>シェア(%) | 2009年 | 2018年 | 伸び率<br>(pts) |
|---|---|---|---|
| 国内 | 40.7 | **55.1** | 14.4 |
| 国際 | 8.4 | 26.1 | 17.7 |

| 航空機運航機数 | 航空機発注残 |
|---|---|
| 2,070 | **1,706** |

| 航空会社 | FSC/LCC | 旅客数<br>(百万) | 運航機数 | 発注残 | 子会社, 他 |
|---|---|---|---|---|---|
| Singapore | FSC/LCC | 19.5 | 121 | 96 | Scoot |
| Thai Airways | FSC/LCC | 20.0 | 78 | 0 | Nok, NokScoot |
| Malaysia | FSC/LCC | 14.0 | 84 | 25 | Firefly |
| AirAsia Grp | LCC | *70.0(e) | 約250 | 379 | ＊AirAsia X を含む実績 |
| Lion Grp | LCC | 50.8 | 232 | 444 | Thai Lion, Malindo |
| Scoot | LCC | 7.9 | 46 | 41 | Shingapore 子会社 |

旅客数は2017年度実績.
出典：CAPA データから筆者作成.

　そして特に東南アジアでは他市場以上に LCC が早いスピードで成長しており, LCC が市場成長の原動力となっている.

　**表 2 - 13**に示すように東南アジア発着の座席供給量は2009年の2億200万席から2018年には 5 億2500万席と160％一気に拡大しており, 規模も含めて世界有数の成長市場であることがわかる. 新興国を多数内在し人口が他地域に比較して圧倒的に多いアジア航空市場のポテンシャルは計り知れない. アセアン10カ国だけでも人口が 6 億人で EU の 5 億人より多い.

　域内国際航空市場の最大の特徴は2015年にアセアン10カ国がアセアン経済共同体（AEC）を発足させたと同時期に統一航空市場（＝多国間オープンスカイであり EU と異なり国内線は外国社に解放していない）

が実現したことである．そして同地域では航空自由化を見越してその何年も前からすでに LCC を中心とした激しい陣取り合戦が展開されていた．

　このアセアン多国間オープンスカイの創出が変化の触媒となり，広くアジア・パシフィック航空市場全体の自由化に拍車をかけ，市場に大きな変化が出ている．例えば中国とアセアンがオープンスカイで合意したことですでに両地域間の輸送量が顕著に増大している．座席数でいえば東南アジア＝中国間で過去 7 年間に 4 倍に増えており，その中でも LCC が35％のシェアを占めている．

　表 2 - 13に示すように現在東南アジアでは航空機を2000機運航しており，かつ発注残1700機と大変多い．発注残が多いということは今後市場が拡大するということの証である．AirAsia，Lion，VietJet グループがこの過半を占めている．東南アジア市場では過去 3 年間に300機増えており，すでにやや供給過剰気味であるが2019年も大型機が主体となる100機の純増が見込まれており，供給過剰に拍車がかかる様相を呈していることが懸念材料である．

### (ⅱ)　東南アジアでの LCC シェアの驚異的な拡大

　東南アジアでは LCC の進出が欧米に比べてかなり遅く，2001年12月に AirAsia がマレーシア国内線で就航したのが始まりであった．また国際線は2003年12月に AirAsia がクアラルンプール＝バンコク線を開始したのが最初であった．米国の40年遅れで始まったLCC 進出だが，前掲の図 1 - 4 に示すように急速にシェアを拡大し，2001年に3.3％だった座席シェアが2013年には57％となり，以降2018年の55.1％まで50％台を維持している．東南アジアの航空旅客は 2 人に 1 人が平均5000円程度で域内を旅行できる．図 2 - 13の東

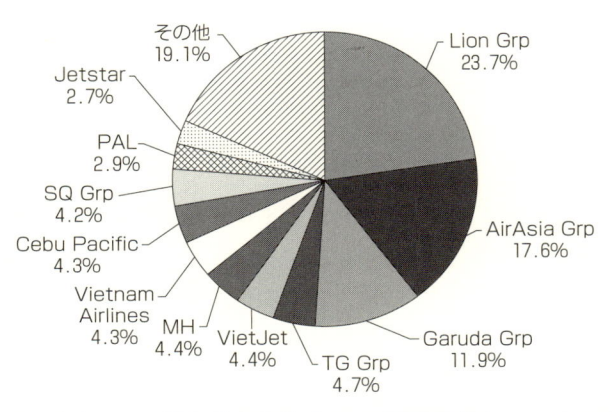

**図 2‐13　東南アジア域内航空会社グループ別座席数シェア**（2018年12月）
　出典：CAPA データより筆者作成.

　南アジア市場域内のみの航空会社別座席シェアのグラフでこの状況
が確認できる. 圧倒的なシェアを持つ Lion グループの23.7％と
AirAsia グループの17.6％にその他 VietJet, Cebu Pacific, Jetstar
などの LCC を足しあげると50％以上になる.

　LCC がシェア拡大をした結果, 長い歴史を持つフラッグ・キャ
リアを追い越すケースが当たり前のことのように起こっている. **図
2‐14**に示す東南アジア主要 5 社の旅客輸送実績がその状況を赤
裸々に物語る. Singapore（SQ）, Thai Airways（TG）, Malaysia
（MH）などの東南アジアのフラッグ・キャリアの本体輸送旅客数
（LCC 子会社を含まない）は, サービスに関するランキングが高いにも
かかわらずここ15年以上停滞している.

　対照的に AirAsia グループ（合弁会社および AirAsia X グループを含
む）は2017年の輸送旅客数が7000万人となり今や押しも押されもし
ない東南アジアトップの航空会社グループとして君臨しており, 1

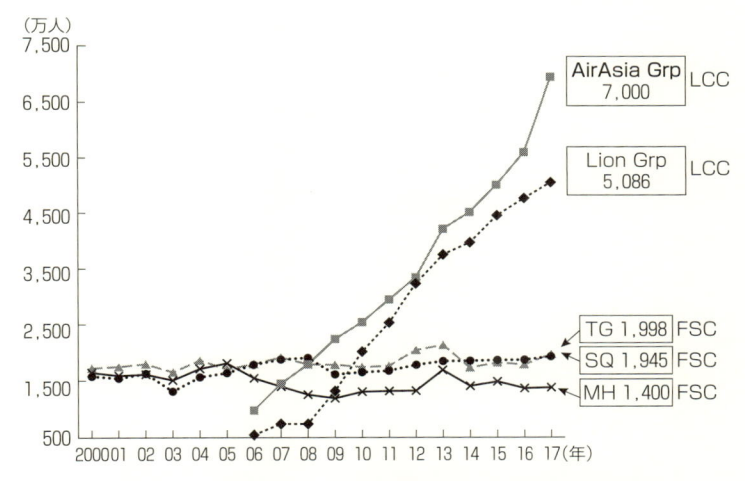

**図 2 - 14　東南アジア主要航空会社輸送旅客数推移**

出典：CAPA データ，航空統計要覧をもとに作成．

億人突破も見えて来た．航空機発注残が400機以上あり，今後も積極的な規模拡大を続ける計画だ．

　急速に頭角を現してきたのがインドネシアの Lion Air グループで，2017年度の輸送旅客数が約5086万人となり，国内線ではすでにフラッグ・キャリアの Garuda をはるかに凌駕している．航空機発注残が世界トップの400機以上あり，AirAsia のように東南アジア域内で複数の合弁会社も設立しておりすでに AirAsia の強力なライバルになっている．これ以外にはフィリピン，インド，タイ，ベトナムでも同様な下剋上が発生している．以上のことから東南アジアでは FSC のビジネスモデルは陳腐化し，需要が伸びていないことが判る．

### (iii)　2ブランド，マルチ・ブランド戦略と合弁会社

　アジア・パシフィック市場において2つの興味深い新潮流が発生している．一つ目は「合弁会社」である．統一航空市場となっている豪州＝ニュージーランドを例外として，アジア・パシフィックでは国境を越えた航空会社の完全買収ができない．自社ブランドを自国外に拡大するために考案されたのが合弁会社である．相手国の友好的なパートナーを主要株主とし，自社は外資規制の範囲内の出資をする方式で，表2–14に示すように AirAsia が2004年に Thai AirAsia という合弁会社をタイに設立したのが最初で，Qantas の Jetstar Asia が続く．その他 Tiger や Lion が合弁会社設立に熱心で，現在東南アジアでは合弁会社11社が運航している．

　合弁会社の例を表2–15の AirAsia の例で示す．マレーシアの LCC AirAsia は国外のタイ，インドネシア，フィリピン，インド，日本に AirAsia というブランド名をつけた子会社（いずれも LCC）を設立し，自社ブランドの地域的拡大を図っている．

　もうひとつの注目すべき潮流は「2ブランド戦略」であり，Qantas の例で説明する．Qantas は域内でいち早く「2ブランド戦略」を掲げ国内線に Jetstar Domestic，国際線に Jetstar International という LCC 子会社を設立した．LCC 子会社 Jetstar を「対等なパートナー」とみなしたこの戦略でグループ全体としての規模拡大および利益確保に成功した．

　この Qantas の成功例を見てアジア・パシフィック域内の FSC が「2ブランド戦略」をこぞって模倣した．また Thai Airways のように目的に応じて複数の種類の子会社を（Nok, NokScoot, Thai Smile）持つとマルチ・ブランドとなる．

　Qantas はまた Jetstar ブランドを国外に拡大するためシンガポー

表 2-14 東南アジアにおける合弁会社設立年

| 合弁会社 | 国籍 | 就航年 | パートナー | パートナー国籍 | 機材数 |
|---|---|---|---|---|---|
| Thai AirAsia | タイ | 2004 | AirAsia | マレーシア | 59 |
| Jetstar Asia | シンガポール | 2004 | Qantas | オーストラリア | 18 |
| Indonesia AirAsia | インドネシア | 2005 | AirAsia | マレーシア | 23 |
| Jetstar Pacific | ベトナム | 2008 | Qantas | オーストラリア | 17 |
| Philippines AirAsia | フィリピン | 2012 | AirAsia | マレーシア | 21 |
| Tigerair Philippines* | フィリピン | 2012 | Tiger Airways | シンガポール | *売却 |
| Tigerair Mandala* | インドネシア | 2012 | Tiger Airways | シンガポール | *倒産 |
| Malindo Air | マレーシア | 2013 | Lion Air | インドネシア | 46 |
| Thai Lion Air | タイ | 2013 | Lion Air | インドネシア | 31 |
| Thai AirAsia X | タイ | 2014 | AirAsia X | マレーシア | 7 |
| Thai VietJet Air | タイ | 2014 | VietJet Air | ベトナム | 4 |
| Indonesia AirAsia X | インドネシア | 2015 | AirAsia X | マレーシア | 2 |
| NokScoot | タイ | 2015 | Scoot | シンガポール | 4 |

出典：CAPA 情報より筆者作成.

表 2-15 マルチブランド，合弁会社の例

合弁会社の例
AirAsia グループ

| AirAsia Grp（LCC） | |
|---|---|
| AirAsia 本体（マレーシア国内） | |
| 合弁会社 | 保有率 |
| Thai AirAsia（タイ） | 49% |
| Indonesia AirAsia（インドネシア） | 49% |
| Philippines AirAsia（フィリピン） | 40% |
| AirAsia India（インド） | 49% |
| AirAsia Japan（日本・再参入） | 33% |

（外国）

マルチブランド＋合弁の例
Qantas グループ

| Qantas Grp | |
|---|---|
| Mainline Grp（FSC） | |
| Domestic（国内線）International（国際線） | |
| Jetstar Grp（LCC） | |
| Domestic（国内線）International（国際線） | |
| 合弁会社（LCC） | 保有率 |
| Jetstar Asia（シンガポール） | 49% |
| Jetstar Pacific（ベトナム） | 27% |
| Jetstar Japan（日本） | 42% |

（豪国内）（外国）

出典：CAPA 情報より筆者作成.

ル，ベトナム，および日本に合弁会社を設立した．Qantas にとって Jetstar の合弁会社は 2 ブランド戦略の延長でもある．アジア・パシフィックの主なマルチ・ブランド，合弁会社の例を表 2 - 16に示す．興味深いのは LCC の Lion が逆パターンで，国内に Batik，マレーシアに Malindo という FSC の子会社を設立していることである．

以前に欧米でも「2 ブランド戦略」と同様の戦略が FSC によって採用されたがことごとく失敗に終った．ただし欧州大手が改めて「2 ブランド」戦略を採用し始めたことが興味深い．

ちなみにアジア・パシフィックでは LCC の Jetstar や AirAsia X などの長距離線 LCC がすでにごく自然に受け入れられているが，実は過去に欧米では同じような試みがことごとく失敗に終わっていた．長距離線 LCC については別途第 4 章で詳細を紹介する．

## (2) 豪州の航空事情
──国内の LCC 拡大は一段落，Qantas は合弁会社強化へ──

### (i) 豪州国内航空市場

豪州の国内線航空市場は約6000万人，国際線は約4000万人，併せて約 1 億人の市場規模である．表 2 - 17に豪州航空市場・業界の概観を示す．2012年から2018年の間の供給座席数は国内線で7530万席から7830万席と 4 ％しか伸びておらず，市場が飽和状態にあることがわかる．Qantas グループと Virgin Australia グループが国内線の大半を占めている．

一方国際線は4040万席から5500万席と36％伸びており成長している．アジア・パシフィック市場の航空自由化の進展などで外国航空会社のシェアが伸びており，豪州系のシェアは32％である．

# 表2-16 アジア・パシフィックの主なマルチブランド，合弁会社

| | 合弁 | | 合弁 |
|---|---|---|---|
| Qantas（豪FSC） | | Lion Air（インドネシアLCC） | |
| Jetstar Group | | Wings Air（インドネシア） | |
| Jetstar Domestic（豪） | | ＊Batik（インドネシアFSC）　＊FSC子会社 | |
| Jetstar International（豪） | | Thai Lion（タイ） | ○ |
| Jetstar Asia（シンガポール） | ○ | ＊Malindo（マレーシアFSC）　＊FSC子会社 | ○ |
| Jetstar Pacific（ベトナム） | ○ | Garuda Indonesia（インドネシアFSC） | |
| Jetstar Japan（日本） | ○ | Citilink（インドネシア） | |
| Singapore Airlines（シンガポールFSC） | | Thai International（タイFSC） | |
| Scoot（Tigerairを吸収） | | Nok（タイ） | |
| NokScoot（タイ） | ○ | Thai Smile（タイ） | |
| ＊Tigerair Philippines（フィリピン）はCebu Pacificに売却 | | NokScoot（タイ） | ○ |
| ＊Tigerair Taiwan（台湾）はChina Airlinesに売却 | | Asiana（韓国FSC） | |
| AirAsia（マレーシアLCC） | | Air Busan（韓国） | |
| Thai AirAsia（タイ） | ○ | Air Seoul（韓国） | |
| Indonesia AirAsia（インドネシア） | ○ | Korean Air（韓国FSC） | |
| Philipines AirAsia（フィリピン） | ○ | Jin Air（韓国） | |
| AirAsia India（インド） | ○ | 春秋航空（中国LCC） | |
| AirAsia Japan（日本，撤退後再参入） | ○ | 春秋航空日本 | ○ |
| AirAsiaX（マレーシアLCC） | | China Eastern（中国FSC） | |
| Thai AirAsiaX（タイ） | ○ | China United Airlines（中国） | |
| Indonesia AirAsia X（インドネシア） | ○ | China Airlines（台湾FSC） | |
| Virgin Australia（豪FSC） | | Tigerair Taiwan（台湾） | |
| Tigerair Australia（LCC） | | 日本航空（日本FSC） | |
| Virgin Samoa（サモア） | ○ | Jetstar Japan（日本） | ○ |
| | | 全日本空輸（日本FSC） | |
| | | Peach（日本） | ○ |
| | | Vanilla Air（日本） | |

出典：CAPA情報より筆者作成.

## 表 2 - 17 　豪州航空市場・業界概観

| 供給座席数<br>（百万） | 2012年 | 2018年 | 伸び率<br>（%） |
|---|---|---|---|
| 国内 | 75.3 | 78.3 | 4 |
| 国際 | 40.4 | 55.0 | **36** |
| 内際合計 | 115.7 | 133.2 | 15 |

| LCC 座席<br>シェア(%) | 2008年 | 2018年 | 伸び率<br>（pts） |
|---|---|---|---|
| 国内 | 19.1 | 26.3 | 7.2 |
| 国際 | 7.4 | 14.5 | 7.1 |

座席数はコードシェア便も加算されるため
実際よりも多く出る場合あり.

| 航空機運航機数 | 航空機発注残 |
|---|---|
| 718 | 157 |

| 航空会社 | FSC/LCC | 旅客数<br>（百万） | 運航機数 | 発注残 | その他 |
|---|---|---|---|---|---|
| Qantas Grp | 国営FSC | 55.0 | 278 | 113 | LCC 子会社 Jetstar で「2ブランド戦略」展開・成功 |
| (Jetstar) | LCC | (19.9) | (71) | (99) | Qantas Grp の内数 |
| Virgin Australia Grp | FSC/LCC | 24.5 | 133 | 40 | LCC から FSC にモデル変更 Tigerair Australia が LCC 子会社 |

旅客数は2017年度実績.
出典：CAPA データから筆者作成.

　2000年 8 月に英国籍の Virgin Blue が豪州国内航空市場に LCC として参入したのが豪州の国内航空市場の大変動の始まりであった. それまでは国内線航空市場は長年 Qantas と Ansett の 2 社独占体制であり, 1990年の規制緩和で一時的に新規参入などがあったものの結果的に 2 社独占体制の期間が長く続いていた.

　しかし1999年の航空自由化政策の中で, 外資100％の企業に対する豪国内事業の運営が許可されると（世界的にも珍しい）, 2000年 8 月に Virgin Blue（英国 Virgin Group の100％子会社, ブリスベーン基地）が外資100％の企業として進出し, その後2001年 9 月に Ansett が破綻したことも重なって国内線の状況が一変したのである. Ansett の経営破綻は安全問題で全767の運航停止を余儀なくされたことに加え, Virgin Blue 参入で競争が激化したこと等も引き金とな

った.

　Ansett 破綻直後 Qantas が一時的に国内線シェアを80％超に伸ば
したが，Ansett 不在の追い風を受けた Virgin Blue が破竹の勢い
でシェアを伸ばし始め，わずか数年で35％のシェアを獲得するまで
になった．Virgin Blue はこの勢いに乗じてシェア50％獲得を目標
として規模拡大をすすめる戦略であった.

　しかし強い危機感を感じた Qantas はこれを看過することはなく，
国内線 LCC 子会社の Jetstar（メルボルン，アバロン空港基地）を設立
し，2004年の 5 月に運航を開始，2 社の LCC の競合により運賃が
下がり需要が喚起され，5 年間で国内航空需要が50％以上急伸した.
その結果 Virgin Blue が国内線旅客シェア約30％，Jetstar が約20
％弱となり LCC のシェアが短期間に50％になった．この間 Qantas
本体の輸送量が増加しておらず，LCC によってほぼすべての新規
需要が創出されたのである．さらに2007年11月にシンガポール資本
100％（Singapore 航空が49％を保有）の Tigerair Australia が国内線に
参入してさらに LCC の競争が激化した.

　その後 Virgin Blue は豪州での LCC ビジネスに限界を感じ，
2005年からライバルの Qantas 航空などからビジネス旅客を奪うこ
とを目的とした「New World Airline」というコンセプトのもと，
ビジネスモデルを LCC から FSC への変更に着手した．また2011年
に Virgin Australia と社名を変更し，この間株主も豪州人となった.
2014年に Tigerair Australia を完全買収し LCC 子会社化として 2
ブランド戦略を展開している．最近 9 年間でグループ輸送旅客数は
1800万人から2400万人に増えているが，6 年連続で営業赤字を計上
して業績が顕著に低迷しており，残念ながら Qantas の脅威とはな
り得ていない状況である.

　表 2 - 17に示すように豪州国内線の LCC シェアは2008年の19.1％から26.3％に7.2pts 増加している．これは Jetstar と Tiger Australia を足したものである．前述のように Virgin Australia は FSC にモデルチェンジしたので LCC には含まれない．

　豪州国際線における LCC 座席シェアは7.4％から14.5％に7.1pts 増加している．Jetstar がその中の50％を占めており，AirAsia X が25％，Scoot が10％となっている．豪州＝アジア路線では LCC シェアがここ5年ほど10％程度で推移しており，その大半は長距離線 LCC 路線となっている．

### (ii)　豪州国際航空市場

　Qantas が画期的な「2ブランド戦略」を打ち立て，低迷するシェアを奪回するため守りから攻めの戦略に大胆に切り替えたことが大きなトピックスといえる．そして前述のように Qantas がこの戦略に成功したことがその後世界の航空業界に大きな影響を及ぼすこととなった．

　図 2 - 15に Qantas の「2ブランド戦略」の概要を示す．Qantas の事業構造はメインライン（中核事業）と LCC の Jetstar 系の2ブランド体制になっている．またシンガポールに Jetstar Asia（2004年），ベトナムに Jetstar Pacific（2008年），ニュージーランドに Jetstar New Zealand（2009年）そして日本に Jetstar Japan（2012年）という合弁会社を設立して Jetstar ブランドの国外拡大を図っている．ただし Qantas と China Eastern との合弁で Jetstar Hong Kong を立ち上げようとしたが，香港航空当局から許可が下りず2013年に断念した．

　1999年の豪州国際航空自由化政策およびその後の域内経済の活発

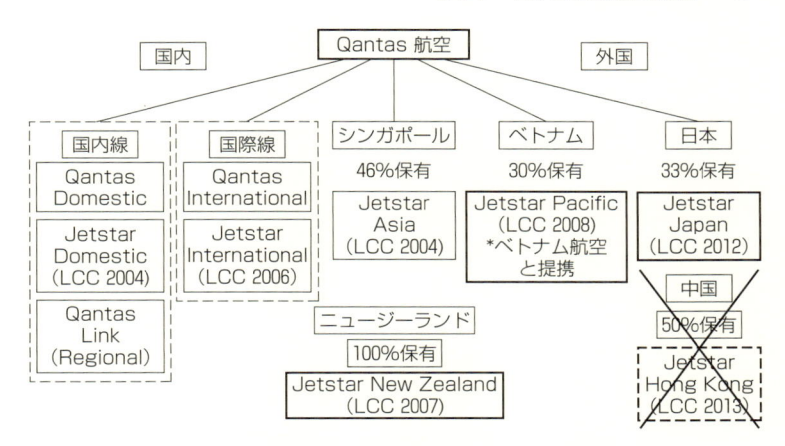

**図 2 - 15　Qantas 航空の「2 ブランド戦略」**

出典：Qantas 航空資料から筆者作成.

化に後押しされて豪州の国際線航空旅客数は，同時テロ，Ansett
の破綻などで一時的に落ち込んだ時期を除けば順調に伸びてきた.
1997年度の1400万人から2007年度には2200万人超となり10年間に60
％近くも増加した．しかし大きな問題は豪州キャリアの大幅なシェ
ア減少であった．1997年半に39.4％だった Qantas のシェアが2006
年度には27.5％にまで落ち込んだ．Qantas は状況打開のため2003
年にシンガポールに Jetstar Asia を設立したものの思うように路
線網を拡大できなかった.

　Qantas 航空は2006年に「アジアン・ストラテジー」を策定し，
メインラインに代わって特に近距離国際線に Jetstar を積極的に投
入する大胆な「2 ブランド戦略」を打ち立てた．国内線で Virgin
Blue の攻撃を押さえ込み，初年度から黒字化したことで自信を得
た Qantas はコストがメインラインより40％安い Jetstar を投入し
て巻き返しにでた.

　Qantas は LCC の Jetstar を対等なパートナーとしてみなし「メインライン＋LCC」全体として発展すればよいという大胆な決断をするに至ったのである．この戦略に従って2006年11月のバンコクを皮切りに，ホノルル，関西などに就航を開始した．「世界初の長距離線 LCC」と称して現行路線の Jetstar への一部移管や，かつて Qantas が不採算で撤退した路線線にも Jetstar で再参入した．Jetstar は継続して利益を出し続け（FY13/14年度は赤字）Qantas グループ全体の利益およびコスト削減にも貢献してきた．

　この動きは，Qantas がその伝統的な FSC というビジネスモデルから決別し，「メインライン＋LCC」という「２ブランド戦略」に完全に転換したことを示すものである．業績が好調な中での大胆なビジネスモデルの変更であったが，将来の市場の変化を十分見極めての英断であった．

　ただし「２ブランド戦略」を成功させるのは簡単ではない．Jetstar の人件費およびコストはメインラインより40％安い水準であり労働条件も本体とは別体系だ．2011年に Qantas メインラインの従業員は Jetstar の規模拡大による労働条件の切り下げおよび本体の職場機会の縮小の可能性などに懸念を表明して労働争議を起こし，多大な損害を与えた．Qantas の Jetstar 積極路線投入は2012〜2013年頃までにほぼ一段落し，労働争議もそれに従って一段落している．

　それ以降現在 Jetstar は旅客数で Qantas グループ全体の45％程度を安定的に維持している．図２-16に Qantas グループ内の旅客数シェアを示す．FY10/11年度は国際・国内あわせて37％であったが，FY15/16年度は44％，FY17/18年度では45％となっており，ここ５年程度40％台半ばで推移している．

　図２-17に Qantas グループの営業利益率の推移を示す．リーマ

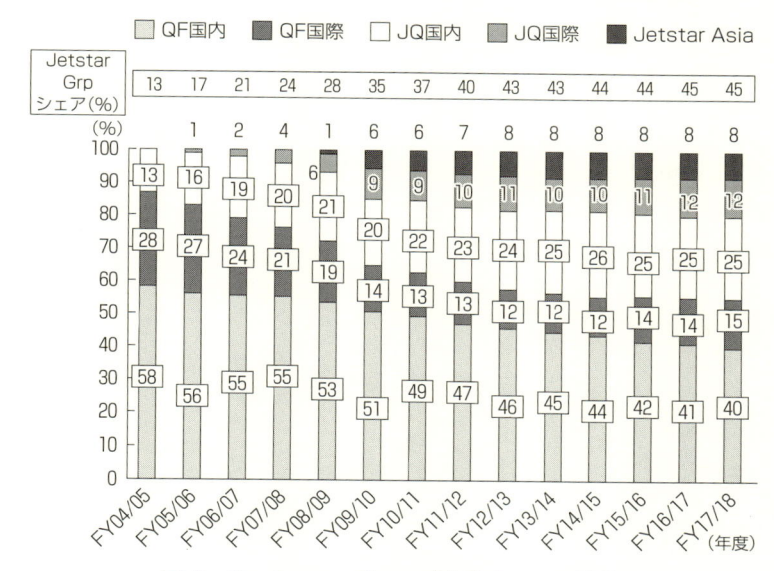

図 2‑16　Qantas グループ内旅客シェア推移

出典：Qantas ホームページ情報から筆者作成.

ンショック前までは Jetstar 効果もあり 5 ％から 9 ％弱の間の好調
な利益率であった．リーマンショックの FY08/09年度には1.4％と
下がったが，この年度に黒字を計上した数少ない航空会社となった．
ただしその後業績は浮上せず，FY11/12年度は従業員のストライキ
と燃油価格高騰で営業赤字転落となり，FY13/14年度は燃油価格高
騰と供給過剰による収入減で再び赤字転落となった．このときは
Jetstar も初めて赤字転落となった．

　Qantas は Jetstar の投入だけでは国際線戦略不十分との認識を強
めることになり，FY13/14年度期中に新に国際線の大幅見直しなどを
含む Qantas Transformation Program を策定・導入し，FY16/17
年度までに20億豪ドルの収支改善活動を開始した．例えば国際提携

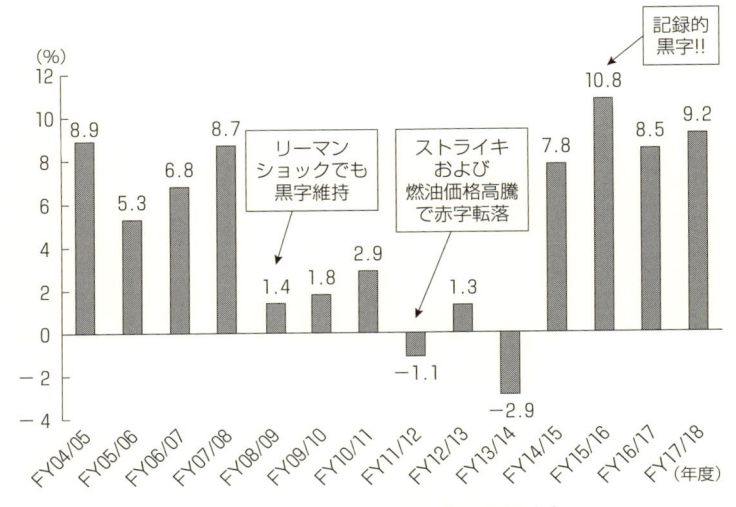

図 2 - 17　Qantas グループ営業利益率

出典：CAPA データから筆者作成.

では提携先を長年のパートナー British Airways から Emirates 航空に鞍替えする英断を行った．国際路線の大幅な見直しも行い，その結果 FY14/15 年度以降は好調な業績を計上している．特に FY15/16 年度では営業利益率10.8%という高い利益率を計上した.

　図 2 - 18に Qantas グループの輸送旅客数を示す．Jetstar 投入の FY04/05 年度の3266万人から FY17/18 年度の5500万人まで68％増加している．Singapore 航空や Malaysia 航空など多くのアジア・パシフィックの FSC の旅客数が伸び悩む中で，この実績は素晴らしいと評価できよう．結論として先見性のある Jetstar による「2 ブランド戦略」の採用と，その後の環境の変化に即応して導入した Qantas Transformation Program の 2 ステップの戦略が最近の好調な実績につながっているといえる.

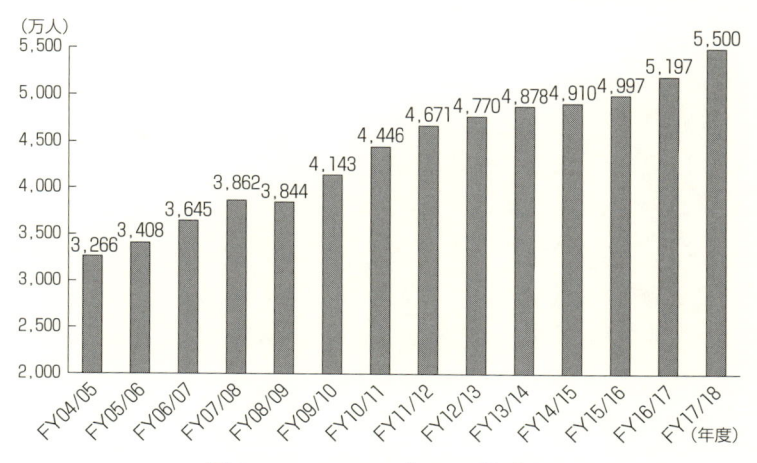

**図 2-18　Qantas グループ旅客数**

出典：CAPA データから筆者作成.

### ▶企業研究　Jetstar の航跡
#### ——規模拡大一段落，黒字継続——

　世界的に FSC の LCC 子会社の成功の確率が低い中で Qantas は
なぜこの困難なタスクを成し遂げることができたのか．大きな理由
のひとつは，Qantas メインラインの DNA を Jetstar に持ち込まず
に済んだことだ．これまでの世界の失敗例を見ると，本体の社員が
そのまま LCC 子会社に移るケースが多く，結果的に待遇面・社風
なども含め LCC 子会社のビジネスモデルを本体と差別化して維持
することが困難となったケースが多い.

　Qantas は2000年に買収したリージョナル航空会社の Impulse 航
空のリソースをメインラインと切り離しながらそのまま LCC 子会
社に転用できたことで LCC に適した独自の DNA の純粋培養が可
能となった．また Impulse の保有機材が Qantas の保有していない
717型機で当初両者の乗員の混用がなかったこと，また最初から14

機という規模で始めることができたことも大きな成功の要因だ．基地もメルボルンの2次的空港アバロンとして本体から隔離した．さらに倒産した Ansett の多数の経験者をより低い賃金で Jetstar 社員として採用できたこともラッキーに働き，コストを抑制しながら順調に規模拡大ができた．

もちろん単にラッキーであっただけではない．Qantas は他社のLCC 子会社の失敗例から多くを学びその轍を踏まないように最大限の努力をした．例えば British Airways が LCC 子会社の GO に参入路線決定などを含む多くの裁量権を与えすぎたためにメインラインとパイを奪い合う結果となってしまった失敗例から学び，Qantas は Jetstar に一定の経営の裁量権を与えつつも，最重要事項の参入路線については本体がしっかりと掌握する体制をとった．

Jetstar は国内線で Virgin Blue の拡大を抑制することに成功しつつ，投入初年度の FY04/05年度から黒字経営になったことで Qantas は Jetstar の評価を高めた．前述のように Qantas は2006年に策定した「アジアン・ストラテジー」の中の中心戦略として近距離国際線にコストがメインラインより40％安い Jetstar を積極的に投入する大胆なかけに出たのである．

このような努力の結果 Jetstar International は中・長距離線LCC の世界で初めての成功例となった．中・長距離線 LCC はビジネスモデルを FSC と差別化する余地が少なく，成功するのは難しいという概念を見事に覆した．

前述のようにこの Qantas の「2ブランド戦略」の成功を見て，アジア・パシフィック地域の他の FSC がこぞってこれを模倣した．日本航空，全日本空輸も例外ではなく，かなり遅れつつも2ブランド戦略を採用した．

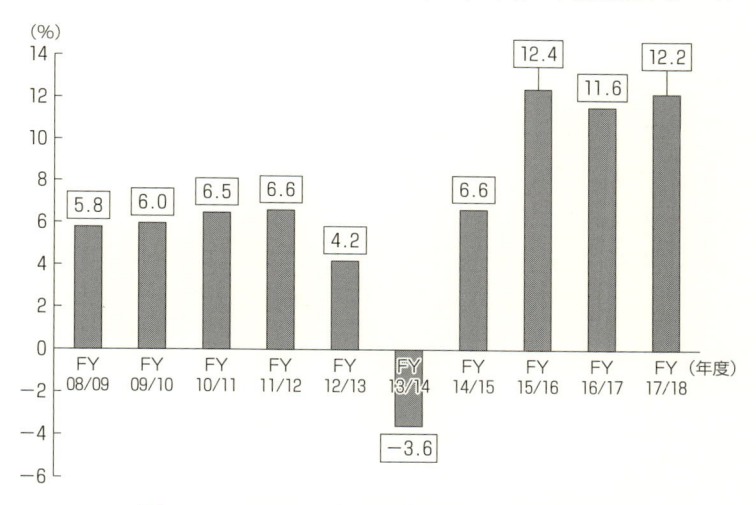

**図 2‑19　Jetstar グループ利子・税引前利益率**

出典：CAPA データから筆者作成.

　図 2‑19 に Jetstar グループの利子・税引前利益率を示す．FY13/14年度を除いてはすべて黒字であり，Qantas メインラインの業績が厳しいときも黒字計上に貢献してきたのである．

　当時の Jetstar を率いたのは現在の Qantas の CEO は Alan Joyce 氏である．Joyce 氏はアイルランドの Aer Lingus で 8 年間様々な分野で経験を積んだ後，1996年に Ansett に入社した．その後2000年に Joyce 氏は Qantas に入社し，Ansett での職責と同じ路線計画，スケジュール計画および路線戦略担当として働いた．

　Joyce 氏は2003年に Jetstar の CEO に任命され，Jetstar の国内，国際線での戦略を策定し実行した．そしてその功績が認められ，2008年11月に本体である Qantas の CEO に任命され，現在に至っている．

## (3) マレーシア航空事情
### ——LCC が主役，攻める AirAsia，不振の Malaysia——

マレーシアはアジアパシフィックで豪州についで2番目に早く LCC が参入した国であり，AirAsia のホームベースとして東南アジアの LCC の中心ともなっている．航空市場規模は国際・国内合わせて約6300万人（2017年）である．表2-18に示すように2012年から2018年の間に国内線座席数が37％，国際線が52％伸びており成長中の市場であることがわかる．

LCC シェアも高く，2008年には国内線 LCC シェアがすでに49.8％と高い水準にあり，2018年には56.9％で7.1pts 上昇，国際線は同29.4％から51.1％に21.7pts 上昇しており，両者とも50％を超えているいわば「LCC 大国」である．

航空機の運航機数は298機であるが，航空機発注残が514機あり，今後とも成長を続ける市場であることがわかる．発注残のほとんどが AirAsia グループのもので，短距離の AirAsia グループが375機，長距離線の AirAsia X グループが75機（A330-300）である．AirAsia X は以前ロンドンとパリに就航したが燃油価格高騰の時期と重なり撤退した経緯があるが，大量発注の A330-300で欧州市場再就航などを検討中と見られる．また中国とアセアンがオープンスカイ協定に合意してから，この市場での輸送量が大幅に伸びており，この市場の4時間以上の長距離線にも機材を投入して行くと見られる．

AirAsia グループは2017年度に AirAsia X グループも含めて7000万人を輸送し，Tony Fernandes CEO は2019年には1億人を目標とすると述べた．国営の Malaysia Airlines の輸送旅客数は2017年度に1400万人で，2000年度の1666万人から減少しており，成長していない．かつては新規参入の AirAsia と老舗で国営の Ma-

表 2 - 18　マレーシア航空市場・業界概観

| 供給座席数<br>（百万） | 2012年 | 2018年 | 伸び率<br>（％） |
|---|---|---|---|
| 国内 | 25.3 | 34.7 | 37 |
| 国際 | 44.7 | 67.8 | 52 |
| 内際合計 | 70.0 | 102.5 | 46 |

座席数はコードシェア便も加算されるため
実際よりも多く出る場合あり.

| LCC 座席<br>シェア(％) | 2008年 | 2018年 | 伸び率<br>（pts） |
|---|---|---|---|
| 国内 | 49.8 | 56.9 | 7.1 |
| 国際 | 29.4 | 51.1 | 21.7 |

| 航空機運航機数 | 航空機発注残 |
|---|---|
| 298 | 514 |

| 航空会社 | FSC/LCC | 旅客数<br>（百万） | 運航機数 | 発注残 | その他 |
|---|---|---|---|---|---|
| Malaysia Airlines | 国営 FSC | 14.0 | 83 | 25 | 2000年は16.7<br>百万人輸送 |
| AirAsia Grp | LCC | 70.0 | 約250 | 450 | グループ実績 |
| AirAsia | LCC | 29.2 | 91 | 375 | マレーシア単体実績 |
| AirAsia X Grp | LCC | 7.8(e) | 35 | 75 | グループ実績に含む |

旅客数は2017年実績.
出典：CAPA データをもとに筆者作成.

laysia Airlines との間で様々な軋轢が発生した経緯があるが，現在
は完全に勝敗がついている.

　以前マレーシア政府は Malaysia Airlines の国内線に多額の補助
を出していたが，これの打ち切りを決定し，2006年8月から国内線
119路線のうち96路線を AirAsia に移管する命令を出した. これに
より AirAsia の国内線シェアが一気に拡大することになった.

　マレーシア市場の航空会社別座席シェアを図 2 - 20に示す（2019
年 1 月）. 国内線は AirAsia 単独で60％近いシェアである. Malaysia
Airlines が25％で，後発の Malindo（インドネシアの Lion Air の FSC 合
弁会社）が11％とシェアを伸ばしている. Firefly は Malaysia Air-
lines の LCC 子会社で 5 ％強だ.

　国際線についてもトップは AirAsia グループで，合計42.5％，

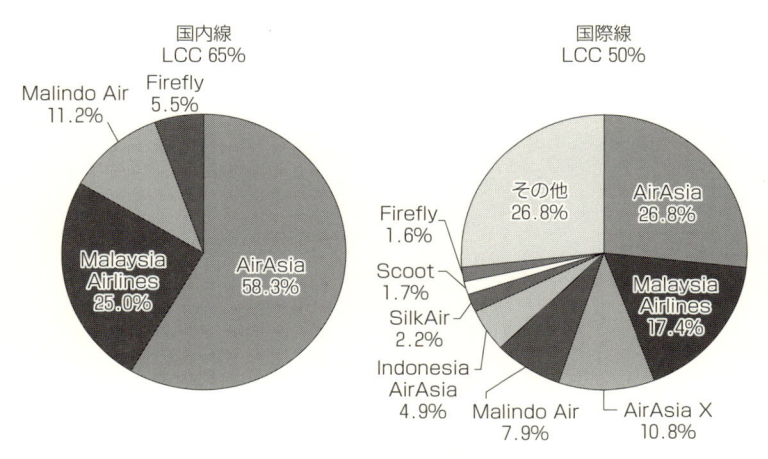

**図2‑20 マレーシア市場会社別座席シェア** (2019年1月)

出典：CAPA データをもとに筆者作成.

Malaysia Airlines が17.4％となっている．ここでも Malindo が7.9％と急速にシェアを伸ばしている．

　AirAsia グループは長距離線でも AirAsia X も含めて多くの合弁会社を設立している．**図2‑21**および**表2‑19**に示すようにタイ，インドネシア，フィリピンなど東南アジアがメインであるが，日本およびインドにも合弁会社を設立して自社ブランドを外国に拡大している．

　**図2‑22**に AirAsia の利益率を示す．2010年度から2015年度までは本体のみの決算で，航空会社としては高い利益率であるが，その他の合弁会社は赤字基調であった．2016年度から2018年度はグループ決算であるが，20％以上の高い営業利益率を挙げた．2018年度は燃油価格高騰と L/F 下落（－3 pts）で営業利益率は11％台に落ちた．

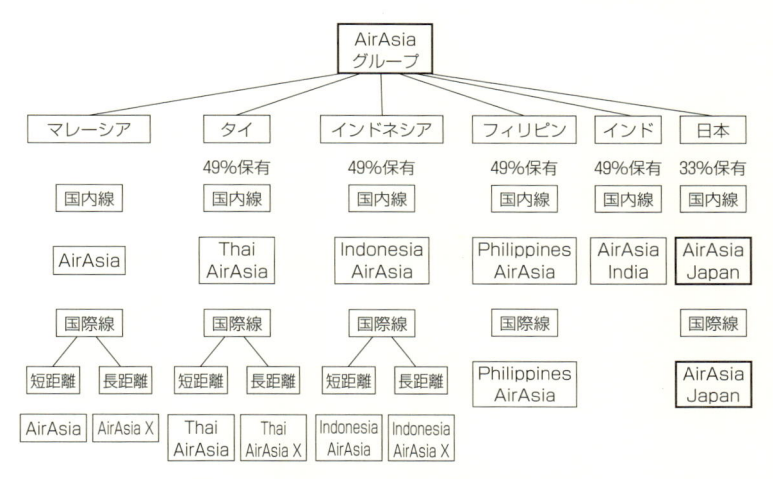

**図 2-21　AirAsia グループの合弁会社**

出典：AirAsia 資料をもとに筆者作成.

**表 2-19　AirAsia, 合弁会社設立でブランド拡大**

| 会社名 | 就航開始 | 旅客数2017年（万人） | 機材数 | 2017年業績 | その他 |
|---|---|---|---|---|---|
| AirAisia Group（全体） | 2001 | 約7000 | 約250 | グループ営業利益率23% | 機材発注残450機 |
| AirAsia | 2001 | 2920 | 91 | 営業利益率31%（2016年） | メインライン |
| Thai AirAsia | 2004 | 1980 | 60 | 営業利益率11%（2016年） | |
| Indonesia AirAsia | 2004 | 460 | 24 | 営業利益率 5 %（2016年初黒字） | |
| Philppines AirAsia | 2012 | 530 | 22 | | 比 Zest 買収 |
| AirAsia India | 2014 | 440 | 19 | | 急成長中 |
| AirAsia Japan | 2017 | ? | 2 | | 再参入 |
| AirAsia X | 2007 | 584 | 24 | 営業利益率 3 % | |
| Thai AirAsia X | 2013 | ? | 9 | ? | |
| Indonesia AirAsia X | 2015 | ? | 2 | ? | |

出典：CAPA データより筆者作成.

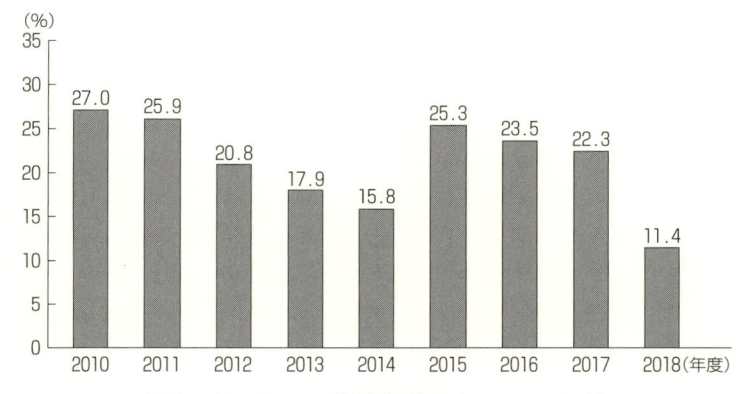

**図 2 - 22　AirAsia 営業利益率（2010〜2018年度）**

注：2010〜2015年度 はマレーシア単体，2016〜2018年度 はグループ（マレーシア＋フィリ
ピン＋インドネシア）統計.
出典：CAPA データ，AirAsia ホームページより筆者作成.

## ▶企業研究　AirAsia の航跡
### ──グループで１億人輸送も視野に──

① LCC 立ち上げ

　少年時代に英国に留学していた Tony Fernandes 氏はマレーシ
アと英国間を航空機で移動する機会が多かったが，運賃をもっと安
くできないだろうかと考えていた．英国でのヴァージン TV の財
務管理者の仕事を経てクアラルンプールでワーナー・マレーシアの
財務アナリストとして活躍している時でもその思いは変わらなかっ
た．

　2001年 2 月にワーナーを退社した後滞在先のロンドンで，TV で
放映された英国の LCC easyJet のニュースを見て LCC に強い関心
を抱き，最終的にアジアでの LCC の立ち上げを決心した．クアラ
ルンプールで設立の準備をしながら2001年 7 月にはマハティール首
相との面会を取り付け，既存航空会社の買収を条件に新たな航空会

社をスタートする許可を貰った．2001年9月9日にDRB-ハイコム社から1リンギット（負債4000万リンギット付）で航空会社を買収する契約を交わした．

②　ラッキーなめぐり合わせ

9月11日に米国で同時多発テロが発生し，航空市場稀に見る悲惨な出来事となったが，AirAsiaにとってはラッキーな展開が待っていた．リース会社のGECASからリース中の2機の737-300のリース料を半額にするとの申し入れがあり，よりよい条件で航空会社のスタートが切れることとなった．12月には初便の就航に漕ぎ着けた．急激な展開に準備が整わず，最初は機内での飲食物販売はカルフールから購入したもので間に合わせたという．ここからAirAsiaのスローガン「Now Everyone Can Fly（誰もが飛行機に乗れる時代が来た）」が現実のものとなってゆく．

AirAsiaにとってもうひとつラッキーな出来事があった．2002年2月にメッカ巡礼のためのハッジ・フライトを請負い，2万人近くを輸送して2000万リンギットの売り上げと600万リンギットの純益を手に入れたのである．スタートアップの企業にとっては大変有難い資金源となった．

AirAsiaはこのようなラッキーなめぐり合わせで助けられた一面もあるが，さらに時代がAirAsiaの躍進を後押ししていた．それはアジアの航空自由化の進展である．アセアン10カ国は2015年までにアセアン経済共同体（AEC）の設立を目指しており，その中で国際線のオープンスカイを優先項目として掲げていたのである．2010年までにアセアン10カ国の首都圏空港間がオープンスカイとなり，2015年末に完全なアセアン多国間オープンスカイが実現した．

AirAsia はオープンスカイの波に乗り，国境を越えてビジネスを展開できたのである．

2001年に 2 機の737-300を使い 2 路線で運航を開始し，2002年にハッジ・フライトで利益を手にし，2003年にアジアで初めてクアラルンプール＝バンコク間国際線 LCC 運航を開始し，同年度に黒字化を果たした．

### ③　Malaysia Airlines との関係

新規参入の AirAsia と老舗の国営 Malaysia Airlines の関係についてもいろいろなことが起こった．AirAsia が低運賃で路線を順調に拡大していることに対し，国営の Malaysia Airlines も低運賃でAirAsia と競争することを宣言した．AirAsia はこれに対し反対運動を展開し，Malaysia Airlines が政府から受けている国家補助を原資として安売りをすることを何とか食い止めることができた．その後政府は Malaysia Airlines に対する国家補助を打ち切った．

2006年 8 月から国内線で赤字を続ける Malaysia Airlines の国内線119路線のうち96路線を AirAsia に明け渡す命令を出した．その後 Malaysia Airlines は大幅なリストラを余儀なくされた．Malaysia Airlines は2005年度に400億円の赤字を計上していた．政府の命令で国営航空の路線が LCC に移管されるのは世界的にも異例であるが，AirAsia の実力が認められた証でもあった．

2012年に Malaysia Airlines から AirAsia に対して合併提案があり，政府の承認を得て手続きを進めていた．ただし両社で株式交換を実施後，提携が本格化する前に解消となった．その後 Malaysia Airlines は再び大掛かりなリストラを余儀なくされた．

④　合弁会社の設立

AirAsia は自社ブランドの拡大を目的に，外国に多数の合弁会社
を設立した．アセアン各国を中心に Thai AirAsia（2004年），Indo-
nesia AirAsia（2005年），Philippines AirAsia（2011年）を設立した
が，それ以外にも AirAsia Japan（2011年），AirAsia India（2011年）
を設立した．AirAsia Japan については一旦撤退後に再参入を果た
した．中国，韓国，ベトナムでの合弁会社設立の試みは失敗に終わ
った（ちなみにその後ベトナムでの二度目の会社設立の試みも不成功に終わっ
た）．

また2007年には AirAsia グループの 4 時間以上の運航を担う姉
妹会社 AirAsia X を設立した．AirAsia X もタイとインドネシア
にそれぞれ合弁会社を設立している．

⑤　試練

2008年には燃油ヘッジで10億リンギットを失い，資金が500万〜
1000万リンギットまで減少してしまったが，その後 2 年間で10億リ
ンギットまで回復させた．

2014年12月28日，QZ8501 便（スラバヤ発シンガポール行き）が海中
に墜落し，乗員・乗客計162人が死亡した．Tony Fernandes CEO
は乗客の家族の前に出向き，誠心誠意対応をした．航空会社の経営
者として最もつらい経験をしたと同時に，AirAsia を世界一安全な
航空会社にしたいという決意を新にした．

⑥　東南アジアトップの航空会社に

数々の試練と幸運を経て，現在 AirAsia グループはトータルで
約250機を運航し，年間7000万人を輸送するアジアで最大の航空会

## 表 2 - 20　AirAsia の航跡

| 年度 | AirAsia トピックス |
|---|---|
| 2001 | 7月にマハティール首相と面会　航空会社の買収を条件に航空会社スタート OK |
| 2001 | 9月9日　DRB-ハイコム社から航空会社を1リンギで買収（負債4千万リンギット付） |
| 2001 | 9月15日　同時テロ後リース会社からリース機の737-300のリース料を半額の提案 |
| 2001 | 12月　2路線で運航開始 |
| 2002 | 2月　ハッジフライトで2000万リンギットの売り上げ，利益600万リンギット　737を3機追加 |
| 2003 | 12月　東南アジアで始めての国際線 LCC（クアラルンプール＝バンコク間）就航　黒字化 |
| 2004 | 新規株式公開（IPO）　資金注入 |
| 2004 | 4月　合弁会社 Thai AirAsia 設立 |
| 2004 | 政府，Malaysia Airlines の国内線への補助打ち切り |
| 2005 | 12月　合弁会社 Indonesia AirAsia 設立 |
| 2006 | 政府，Malaysia Airlines の国内線の大半を AirAsia に移管することを決定 |
| 2007 | 姉妹会社 AirAsiaX 就航開始　グループ内で4時間以上のフライトを担当 |
| 2008 | ベトナムに合弁会社 VietJet 設立も政府の認可下りず就航断念　燃油ヘッジ失敗 |
| 2011 | 合弁会社 Philippines AirAsia 設立 |
| 2012 | Malaysia Airlines からの合併提案　政府合意，株式交換，その後提携本格化前に解消 |
| 2012 | 合弁会社 AirAsia India 設立 |
| 2013 | 5月　合弁会社 AirAsia Zest 設立　2015年12月運航停止 |
| 2013 | グループ合計158機，182路線，輸送旅客数4260万人 |
| 2014 | AirAsia Korea 設立計画頓挫 |
| 2014 | 12月　AirAsia QZ8501 便（スラバヤ発，シンガポール行き）海中墜落 |
| 2016 | 11月　クアラルンプール国際空港第2ターミナル完成　AirAsia 本社オフィス「レッド Q」完成 |
| 2018 | AirAsia China 設立計画頓挫 |
| 2018 | グループ合計　250機，輸送旅客数7000万人（AirAsia X グループを含む） |
| 2019 | 9月の AirAsia Vietnam 設立計画実現せず |

出典：フェルナンデス［2018］『Flying High』より筆者作成.

社に成長した．アジアで「Now Everyone Can Fly（誰もが飛行機に乗れる時代が来た）」が嘘偽りなく実現したのである．

　またグループ会社の AirAsia X をより多くの長距離線に就航することで，東アジア域内だけではなくもっと広い地域でより多くの人々が AirAsia ブランドを利用できる機会を増やしている．例えば AirAsia X は以遠権を利用して関西空港からホノルルまで運航しており，日本人が日本航空や全日本空輸だけではなく AirAsia を利用してホノルルまで行くことができる．かつて撤退した欧州線の再開も視野に入れている．

## （4）　シンガポールの航空事情
### ——Singapore Airlines はブランド統合化へ——

　世界的なブランド航空会社 Singapore Airlines のホームであり，シンガポール・チャンギ空港がハブ空港である．航空市場規模は4800万人（2017年）である．表2-21に示すように2012年から2018年までの供給座席数は22％伸びており，成熟市場としてはまあまあの伸びといえる．また LCC 座席シェアも2009年の19.8％から30.9％まで11.1pts 伸びており，これも成熟市場としてはまあまあの伸びといえる．

　運航機数は228機，発注残が169機であるが，ほとんどが Singapore Airlines グループである．運航機数に比較して発注残が多く，成熟市場ながら成長性も高いことがわかる．Singapore Airlines グループの2017年度の輸送旅客数は3310万人で増加しているが，Singapore Airlines 単体では1940万人で2000年度の実績1601万人からするとそれほど伸びていない．

　シンガポールの LCC の始まりはは2003年に設立された Singa-

表2-21　シンガポール航空市場・業界概観

| 供給座席数（百万） | 2012年 | 2018年 | 伸び率（％） |
|---|---|---|---|
| 国際 | 68.3 | 83.4 | 22 |

座席数はコードシェア便も加算される
ため実際よりも多く出る場合あり.

| LCC座席シェア（％） | 2009年 | 2018年 | 伸び率（pts） |
|---|---|---|---|
| 国際 | 19.8 | 30.9 | 10.1 |

| 航空機運航機数 | 航空機発注残 |
|---|---|
| 228 | 169 |

| 航空会社 | FSC/LCC | 旅客数（百万） | 運航機数 | 発注残 | その他 |
|---|---|---|---|---|---|
| Singapore Airlines Grp | 国営 FSC | 33.1 | 206 | 169 | グループ統計 |
| Singapore Airlines (SQ) | 国営 FSC | 19.4 | 121 | 96 | 単体統計 |
| (Scoot) | LCC | 7.9 | 46 | 41 | SQ子会社 |
| Jetstar Asia | LCC | 4.4 | 18 | 0 | Qantas子会社 |

旅客数は2017年度実績
出典：CAPAデータから筆者作成.

pore Airlines の子会社 Tiger Airways（後に Tigerair と改名）, 2004年に就航した ValuAir, そして Qantas 航空との合弁会社 Jetstar Asia である. Singapore Airlines は2011年に LCC 子会社の Scoot を設立し, ワイドボディ機を使用して長距離離線に参入を開始した.

国内航空市場を持たない Singapore Airlines は支配市場を拡大するために外国に進出する必要があった. このため Singapore Airlines は豪州国内線に Tigerair Australia を就航させるために Tigerair のブランド拡大を図り, 複数の合弁会社を外国に立ち上げた. 2007年に豪州国内線に Tigerair Australia を就航させた. これは最終的に2014年に豪 FSC の Virgin Australia に売却した. インドネシアでは Tigerair Mandala を立ち上げたが結局運航停止となった. 2014年に台湾の China Airlines と合弁で Tigerair Taiwan を立ち上げたが, これも最終的に China Airlines に株式を売却して手放した. このように Tigerair の外国へのブランド拡大

表2-22　Singapore Airlines ブランド統合

| | 4時間以内 | 4時間以上 | |
|---|---|---|---|
| FSC | SilkAir | Singapore Airlines | 合併予定 |
| LCC | Tiger Airways | Scoot | 合併<br>社名 Scoot |

出典：Singapore Airlines 資料から筆者作成.

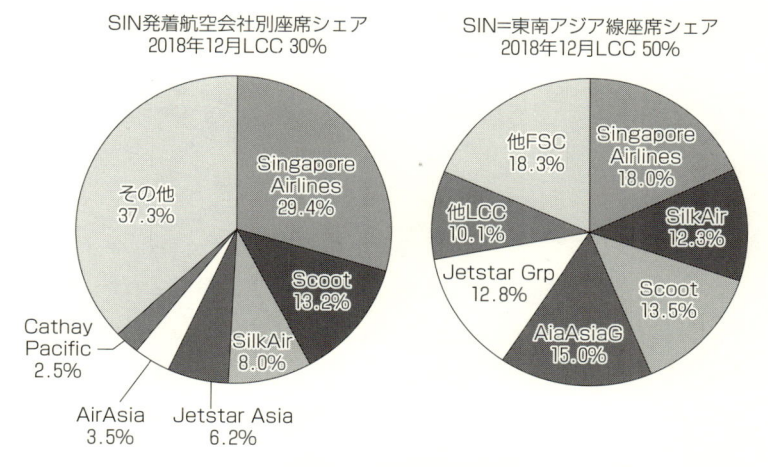

SIN発着航空会社別座席シェア
2018年12月LCC 30%

その他 37.3%
Singapore Airlines 29.4%
Scoot 13.2%
SilkAir 8.0%
Cathay Pacific 2.5%
AirAsia 3.5%
Jetstar Asia 6.2%

SIN=東南アジア線座席シェア
2018年12月LCC 50%

他FSC 18.3%
Singapore Airlines 18.0%
他LCC 10.1%
SilkAir 12.3%
Jetstar Grp 12.8%
Scoot 13.5%
AiaAsiaG 15.0%

図2-23　シンガポール航空市場 LCC 座席シェア

出典：CAPA データから筆者作成.

はことごとく失敗に終わった．合弁会社を成功させることが如何に
難しいかということの証である．Tigerair はその後 Scoot と合併し，
2016年にそのブランドが消滅した．

　Singapore Airlines は現在ブランドの統合化を図っている最中で
ある．表2-22に示すようにこれまでは4時間以上／以内，および
FSC/LCC という区分けによる4ブランドで事業を行ってきたが，

より効率的な運営を求めて，すでに LCC 部門の Scoot と Tigerair
を合併した．今後 Singapore Airlines は SilkAir の本体への吸収を
行う予定としており，短距離 FSC のグレードアップで LCC とさら
なる差別化をはかる戦略と見られる．

　シンガポール発着の航空会社別の座席シェアを見てみると，図2
–23に示すように Singapore Airlines グループが50％強を占めてい
ることがわかる．また LCC のシェアは Scoot，Jetstar Asia，およ
び AirAsia など30％である．ただしシンガポールから東南アジア
域内の近距離運航に限ってみると，LCC のシェアが50％にも達し
ており，やはりここでも FSC は LCC との厳しい競争にさらされて
いることがわかる．

## (5)　インドネシアの航空事情
### ——航空市場急成長，Lion Air がアジアで合弁会社設立——

　インドネシアも東南アジアでも最も成長している航空市場のひと
つであり，また東南アジア最大の市場である．航空市場規模は国
内・国際合わせて対前年比8.1％増の1億2700万人（2017年）である．
高い需要の伸びはインドネシアの経済発展と LCC の進出によるも
のと考えられる．

　表2–23に示すように2012年から2018年までの国内線の供給座席
数が100％伸びており，また国際線でも60％伸びており，ベトナム，
タイと並んで東南アジアでの成長市場のひとつである．また LCC
座席シェアも2008年から2018年にかけて国内線で40.3％から52.7％
まで12.4pts 伸びており，また国際線でも同25.9％から40.2％まで
14.2pts 伸びており，両方とも高い水準で，世界でも早くから LCC
のシェアが進出した市場であることがわかる．

表 2 - 23　インドネシア航空市場・業界概観

| 供給座席数<br>（百万） | 2012年 | 2018年 | 伸び率<br>（%） |
|---|---|---|---|
| 国内 | 74.5 | 147.5 | 100 |
| 国際 | 29.9 | 48.6 | 60 |
| 内際合計 | 104.4 | 196.1 | 90 |

座席数はコードシェア便も加算されるため
実際よりも多く出る場合あり.

| LCC 座席<br>シェア（%） | 2008年 | 2018年 | 伸び率<br>（pts） |
|---|---|---|---|
| 国内 | 40.3 | 52.7 | 12.4 |
| 国際 | 25.9 | 40.2 | 14.3 |

| 航空機運航機数 | 航空機発注残 |
|---|---|
| 694 | 550 |

| 航空会社 | FSC/<br>LCC | 旅客数<br>（百万） | 運航機数 | 発注残 | その他 |
|---|---|---|---|---|---|
| Garuda<br>Indonesia Grp | 国営<br>FSC | 36.3 | 194 | 97 | LCC 子会社 Citilink（1350<br>万人，51機運航，27機発注） |
| Sriwijaya | FSC | 10.0 | 38 | 0 | Garuda と合併予定 |
| Lion Air Grp | LCC | 50.8 | 229 | *448 | *737MAX×186 を含む |
| （Batik） | FSC | (10.5) | (55) | (0) | （国内の FSC 子会社） |
| （Thai Lion） | LCC | (9.3) | (34) | (0) | （タイの LCC 子会社） |
| （Malindo） | FSC | (7.2) | (41) | (0) | （マレーシアの FSC 子会社） |

旅客数は2017年度実績.
出典：CAPA データから筆者作成.

　国内航空会社の運航機数は694機で，発注残は550機と大変多く，成長市場であることがわかる．Lion Air が発注残の大半の448機を占めている．Lion Air はこの多数の機材を自社の規模拡大のみではなく国内の FSC 子会社 Batik，タイの LCC 合弁会社 Thai Lion およびマレーシアの FSC 合弁会社 Malindo にも積極的に充当しており，航空自由化（多国間オープンスカイ）を実現したアセアンを中心とする東南アジア全体で大きく成長する戦略である．

　Lion Air グループの2017年度の輸送旅客数は5080万人であり，2007年度の実績750万人からするとこの間 7 倍と驚異的な伸びを示している．一方国営の Garuda Indonesia グループは3630万人で

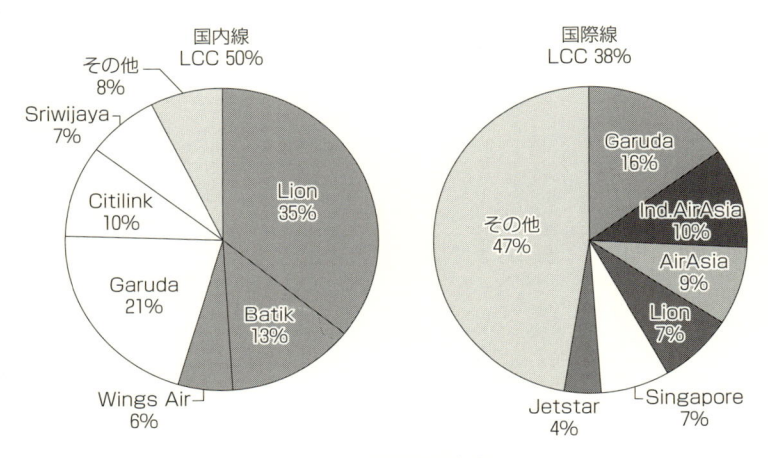

**図 2 - 24　インドネシア市場会社別座席シェア**（2018年12月）

出典：CAPA データから筆者作成.

Lion Air の後塵を拝しており，国内の Sriwijaya（1000万人）と合併して規模拡大をはかる計画である.

　インドネシアでの LCC の始まりは定かではない. Lion は当初747も含め多機種を保有し LCC ビジネスモデルを追求していなかった. ただしおそらく2010年ごろから LCC ビジネスモデルを意識した戦略を開始したと見られ，そのあたりから統計上 LCC としてカウントされるようになった. 国内子会社の Batik（2013年設立）は LCC の子会社の FSC であり珍しい. またマレーシアの合弁会社 Malindo（2013年設立）も FSC である. タイでは LCC 合弁会社 Thai Lion（2013年設立）を運航している.

　Garuda は LCC 子会社 Citilink（2001年設立）を運航しているが（1230万人輸送，51機運航，発注残27機）Lion Air に対抗するために途中から LCC ビジネスに変更した.

　図 2 - 24に示すとおり，2018年12月の国内線の座席シェアは Lion

グループが 3 社で55％，Garuda グループが 2 社で31％，Sriwijaya
が 9 ％となっている．国際線では Garuda が16％，AirAsia グルー
プ 2 社で19％，Lion が 7 ％と続く．

　インドネシアの国内線はすでに 1 億人を越しており日本と並ぶ水
準である．今後もインドネシア航空市場は成長を続け，IATA は
2030年頃に中国，米国，インドに次いで世界第 4 位になると予測し
ている．


## (6)　タイの航空事情
### ── LCC の急成長と共に航空市場も急成長──

　タイも東南アジアで最も成長している航空市場のひとつであり，
市場としても大きい．航空市場規模は国内・国際合わせて対前年比
10.7％増の9900万人（2017年）である．

　表 2 - 24に示すように2012年から2018年までの国内線の供給座席
数が120％伸びており，また国際線でも80％伸びており，驚異的な
伸び率といえる．また LCC 座席シェアも2008年から2018年にかけ
て国内線で31.5％から71.5％まで40pts 伸びており，世界トップク
ラスに躍り出た．また国際線でも同10.5％から32.3％まで21.8pts
伸びており，これも高い水準である．タイは世界でもトップクラス
の LCC 大国の地位を確立したといえる．

　国内航空会社の運航機数は327機だが，タイ国籍航空会社の発注
残は33機と市場が成長している割には極端に少ない．これは Thai
AirAsia や Thai Lion のような外国合弁会社によって市場の成長が
支えられているという事実を物語る．

　Thai Airways の2017年度の輸送旅客数は1890万人であるが，
2000年度の実績1746万人からするとこの間 8 ％しか伸びていない．

## 表 2 - 24　タイ航空市場・業界概観

| 供給座席数<br>（百万） | 2012年 | 2018年 | 伸び率<br>（%） |
|---|---|---|---|
| 国内 | 22.8 | 49.5 | 120 |
| 国際 | 60.1 | 107.0 | 80 |
| 内際合計 | 82.9 | 156.5 | 90 |

座席数はコードシェア便も加算されるため
実際よりも多く出る場合あり.

| LCC 座席<br>シェア(%) | 2008年 | 2018年 | 伸び率<br>（pts） |
|---|---|---|---|
| 国内 | 31.5 | 71.5 | 40 |
| 国際 | 10.5 | 32.3 | 21.8 |

| 航空機運航機数 | 航空機発注残 |
|---|---|
| 327 | 33 |

| 航空会社 | FSC/LCC | 旅客数<br>（百万） | 運航機数 | 発注残 | その他 |
|---|---|---|---|---|---|
| Thai Airways Grp | 国営 FSC | 18.9 | 78 | 0 | 2000年は17.5百万人 |
| （Nok） | LCC | 7.8 | 26 | 8 | Thai Airways 子会社 |
| Thai AirAsia | LCC | 19.8 | 62 | 0 | AirAsia 子会社 |
| Thai Lion | LCC | 9.3 | 34 | 0 | Lion Air 子会社 |

旅客数は2017年度実績.
出典：CAPA データから筆者作成.

　タイ国内航空会社で一番輸送量が多いのが Thai AirAsia で2017年に1967万人輸送した．つまりタイのフラッグ・キャリアがトップの座を外国資本が入った合弁会社に明け渡したということだ.

　タイの LCC の始まりは2004年に就航を開始した Thai AirAsia であり，Thai Airways の LCC 子会社 Nok Air も同年 2 月に設立された．Thai AirAsia は就航以来順調に旅客数を伸ばして需要が低迷するタイのフラッグ・キャリアを抜き去った．また2013年にタイに就航した後発の Thai Lion も順調に規模を拡大しており2017年には930万人を輸送した.

　図 2 - 25に示すとおり，2018年12月の国内線の座席シェアは Thai AirAsia が30.1%，Nok Air が19.2%，Thai Lion が16.8%，BangkokAir が10.8%，Thai Smile が9.4％となっており，Thai

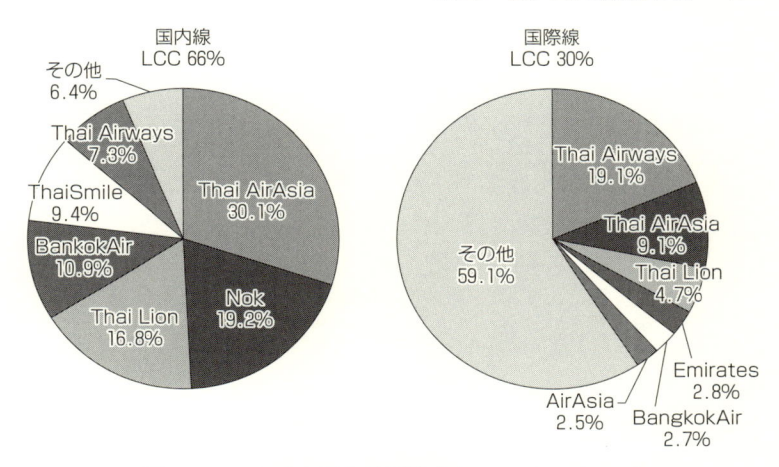

**図 2 - 25　タイ市場会社別座席シェア**（2018年12月）

出典：CAPA データから筆者作成.

Airways はわずか7.3％である．国際線では Thai Airways が最大のシェアで19.1％だがその後に Thai AirAsia の9.1％，Thai Lion の4.7％と続く．Thai Lion は日本など長距離路線に積極的に参入する姿勢を見せているのが注目点であり，欧州便も視野に入れていると見られる．

　Thai Airways は子会社を 2 社持っており，LCC の Nok Air（780万人）と，FSC と LCC の中間の Thai Smile（486万人）で，合計 3 ブランドである．この 3 ブランド戦略があまり成功していないのはグループ全体のプの輸送量シェア減少，および業績低迷で明らかとなっており，Thai Airways はメインラインのみならずそれぞれの子会社も事業効率化について積極的に取り組む必要があるとの認識を強めている．

　タイは2006年にスワンナブーム新空港をオープンした時点で当初

ドンムアン空港を閉鎖する予定であったが，計画を変更してドンムアン空港を LCC 専用空港として再開した．2017年の年間旅客取り扱い量が3830万人となり世界一大規模な LCC 専用空港となった．2018年は11月まで対前年6.9％増の3720人を取り扱っている．

## （7）　ベトナムの航空事情
### ——遅れて出てきた急成長市場，LCC の VietJet 大躍進——

　ベトナムも後発組だが現在破竹の勢いで成長している航空市場のひとつであり，市場としても大きくなりつつある．航空市場規模は国際・国内線合わせて対前年比11.8％増の5500万人（2017年）である．航空需要が勢いよく伸びている理由は近年のベトナムの目覚しい経済発展と LCC のシェア拡大の相乗効果である．外国人の訪問客も増えており，2018年は対前年比19％増の1550万人がベトナムを訪れた．

　表2-25に示すように2012年から2018年までの国内線の供給座席数が180％伸びており，また国際線でも130％伸びており，驚異的な伸び率といえる．また LCC 座席シェアも2008年から2018年にかけて国内線で25.5％から56.1％まで30.9pts 伸びており，世界でもかなり高い．また国際線でも同11.7％から32.8％まで21.1pts 伸びており，これもまた高い水準である．ベトナムも遅ればせながら「LCC 大国」に向かって急速に歩み始めたと見てよい．

　国内航空会社の運航機数は175機だが，発注残は240機と運航機数より多く，今後市場が急速に成長する可能性が読み取れる．その発注残のほとんどが LCC の VietJet の216機によるものである．

　Vietnam Airlines の2017年度の輸送旅客数は2190万人で，LCC の VietJet が1710万人で勢いよくこれを追っている．国内線だけの

表 2 - 25　ベトナム航空市場・業界概観

| 供給座席数<br>（百万） | 2012年 | 2018年 | 伸び率<br>（%） |
|---|---|---|---|
| 国内 | 14.1 | 39.1 | 180 |
| 国際 | 18.4 | 41.7 | 130 |
| 内際合計 | 32.5 | 80.8 | 150 |

座席数はコードシェア便も加算されるため
実際よりも多く出る場合あり.

| LCC 座席<br>シェア（%） | 2008年 | 2018年 | 伸び率<br>（pts） |
|---|---|---|---|
| 国内 | 25.5 | 56.1 | 30.9 |
| 国際 | 11.7 | 32.8 | 21.1 |

| 航空機運航機数 | 航空機発注残 |
|---|---|
| 175 | 240 |

| 航空会社 | FSC/LCC | 旅客数<br>（百万） | 運航機数 | 発注残 | 子会社，その他 |
|---|---|---|---|---|---|
| Vietnam<br>Airlines（VN） | 国営 FSC | 21.9 | 88 | 27 | |
| (Jetstar Pacific) | LCC | 5.5(e) | 17 | 0 | VN 子会社　70%保有<br>Qantas　30%保有 |
| VietJet | LCC | 17.1 | 63 | 216 | Thai VietJet（タイ） |

旅客数は2017年度実績.
出典：CAPA データから筆者作成.

シェアで見るとすでに VietJet が Vietnam Airlines を上回っている.

　ベトナムの LCC の始まりは2007年に Qantas が Pacific Airlines に資本参加し Jetstar Pacific という社名の LCC にモデル変更したときである．2012年2月に Vietnam Airlines が70%，Qantas が30%出資する現在の所有形態となり，国営航空会社が民間の LCC に出資しパートナーとなるユニークな事業形態となった．VietJet グループは2011年12月に設立され，グループ傘下には Thai VietJet（6機運航）がある.

　図 2 - 26に示すとおり，2018年12月の国内線の座席シェアは VietJet が48%で36%の Vietnam Airlines を12%も引き離している．残り16%は Jetstar Pacific である.

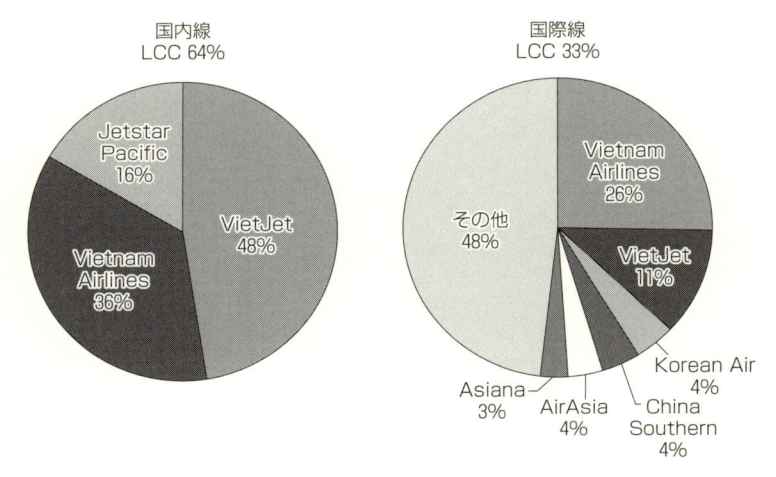

**図2-26　ベトナム市場会社別座席シェア**（2018年12月）

出典：CAPA データから筆者作成.

　国際線では Vietnam Airlines が最大のシェアで26％だがその後に VietJet が11％で続く．VietJet は関西にも就航しており，長距離路線も積極的に拡大する姿勢である．

　ちなみに AirAsia は2019年に AirAsia Vietnam を設立する計画であったが政府からの承認を得ることができなかった．

### (8)　インドの航空事情
──LCC シェア7割，FSC 経営不振で市場混迷──

　BRICs のメンバーで，人口が中国について多いインドは世界で最も成長している航空市場のひとつである．人口も多いので絶対量もまた東南アジア最大の市場である．航空市場規模は国内・国際合わせて1億5400万人（2017年）であった．2018年には国内線の旅客数が対前年比19％増の1億3897万人となり，過去最高を記録した．

## 表 2 - 26　インド航空市場・業界概観

| 供給座席数<br>（百万） | 2012年 | 2018年 | 伸び率<br>（%） |
|---|---|---|---|
| 国内 | 84.7 | 165.6 | **200** |
| 国際 | 51.3 | 80.4 | **160** |
| 内際合計 | 136.0 | 246.0 | **180** |

座席数はコードシェア便も加算されるため
実際よりも多く出る場合あり.

| LCC 座席<br>シェア（%） | 2009年 | 2018年 | 伸び率<br>（pts） |
|---|---|---|---|
| 国内 | **52.9** | **69.7** | 15.8 |
| 国際 | 14.9 | 23.2 | 7.3 |

| 航空機運航機数 | 航空機発注残 |
|---|---|
| 695 | **893** |

| 航空会社 | FSC/LCC | 旅客数<br>（百万） | 運航機数 | 発注残 | その他 |
|---|---|---|---|---|---|
| Air India Grp | FSC/ 国営 | 22.2 | 115 | 3 | LCC 子会社<br>Air India Express |
| Jet Airways | FSC | 29.9 | 110 | 141 | 2019年4月資金難で運転<br>停止，破産手続へ |
| IndiGo | LCC | **61.9** | 207 | 399 | 2018国内線　**5,760万人** |
| SpiceJet | LCC | 19.3 | 72 | 190 | 2018国内線　1,710万人 |
| GoAir | LCC | 12.5 | 48 | 114 | 2018国内線　1,250万人 |
| AirAsia India | LCC | 6.8 | 19 | 0 | 2018国内線　680万人 |

旅客数は2018年実績.
出典：CAPA データから筆者作成.

インドの国内航空旅客需要は勢いよく伸びており，4 年連続で二桁
増となり 4 年間で 2 倍になった.

　経済成長に伴う国民の所得増と LCC の急速な進出が急成長の原
因である. またネックであった空港などの航空インフラが整備され
たことも後押しし，今後も空港の新設や増便が計画されており，旅
客数は右肩上がりが続きそうだ. IATA は2025年頃に中国，米国
に次いで世界第 3 位になると予測している.

　ちなみに2018年の国内線旅客数の内訳は IndiGo の5760万人が断
然トップで，Jet Airways の1910万人，国営 Air India の1760万人，

SpiceJet の1710万人, GoAir の1250万人, AirAsia India の680万人, そして Singapore Airlines の合弁会社 Vistara の530万人, およびその他となっている.

表2-26に示すように2012年から2018年までの国内線の供給座席数が100％伸びており, また国際線でも60％伸びており, 規模の大きさも含めて世界有数の成長市場である. また LCC 座席シェアはすでに2009年は52.9％ともともと高い水準であったが, 2018年には69.7％とさらに12.4pts 伸びており, LCC が支配する市場であることがわかる. また国際線では同14.9％から23.2％まで7.3pts 伸びており, 今後の伸びが期待される.

国内航空会社の運航機数は695機で, 発注残は893機と運航機数よりも多く, 成長市場であることがわかる. LCC の IndiGo, Spice-Jet および GoAir は現在の運航機数の倍近くまたはそれ以上の発注残がある.

図2-27に示すようにインドは2003年に国内航空の規制緩和が行われ, その結果2004年から2008年の5年間に LCC シェアが50％に達し, 世界で最も短期間に LCC が50％を越した国のひとつとなった. 2008年以降も LCC は高いシェアを維持し続けており, インド国内航空旅客需要の急速な拡大に大いに貢献している.

図2-28に示すとおり, 2018年12月の国内線の座席シェアは LCC の IndiGo が44％, 同 SpiceJet が13％, FSC の Jet Airways が12％, 国営の FSC Air India が11％, LCC の GoAir が8％, 同 AirAsia India が5％となっている. 国際線では Jet Airways が13％, Air India が10％, であり, LCC では GoAir が8％と続く. 国際線の LCC 座席シェアは23％とまだ低い.

現在インド＝欧州間の便数が急速に増加しており, Jet Airways

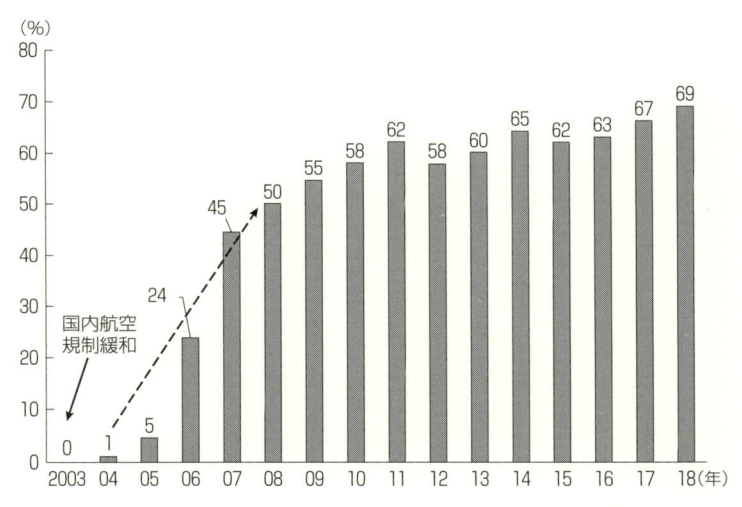

**図 2 - 27　インド国内線 LCC 座席シェア推移**

出典：CAPA データから筆者作成.

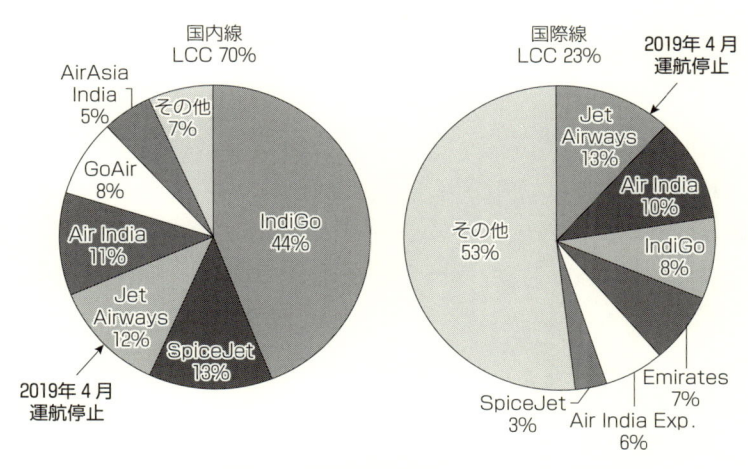

**図 2 - 28　インド市場会社別座席シェア（2019年 1 月）**

出典：CAPA データから筆者作成.

と Air India が積極的に路線拡大を図っている．ただし欧州航空会社が市場の過半のシェアを支配している．アイスランドの WOW Air は LCC として初めてレイキャビク＝デリー間に就航したが，2 カ月後の2019年1月に運航を停止した．IndiGo がロンドンおよびイスタンブールへの就航を検討中と見られている．

2019年4月に FSC の Jet Airways が資金難のため一時全面運航停止を余儀なくされた．LCC の攻勢と燃油高が主な原因である．同社は政府に救済を求めているがパイロットを含む多数の従業員が退職し，その多数はライバル他社などにすでに雇用された．同社は最終的に破産手続に入ることとなった．

## （9）　韓国の航空事情
### ——国内線5割が LCC に置き換わる，FSC 2社不安材料——

2017年の実際の航空市場規模は国内・国際合わせて対前年比5.2％増の1億940万人（2017年）で，国内線が対前年比＋4.8％の3240万人，国際線が同5.4％増の7700万人であった．堅調な伸びは韓国人の所得向上と LCC の進出によるものと考えられる．

表2‐27に示すように2012年から2018年までの国内線の供給座席数はわずか2％の伸びに留まっているが，対照的に国際線では70％伸びている．LCC 座席シェアは2008年から2018年にかけて国内線で6.9％から52.2％まで45.6pts 急速に伸びており，また国際線でも同0.7％から35.2％までこれも急速に34.5pts 伸びており，両方とも世界的にも高い水準であり，かつ北東アジアでは突出した LCC 大国になっていることがわかる．

国内の座席数がほとんど伸びていないのにも係らず LCC シェアが50％を越しているのは，FSC から LCC にそのまま座席が置き換

## 表2-27　韓国航空市場・業界概観

| 供給座席数<br>（百万） | 2012年 | 2018年 | 伸び率<br>（%） |
|---|---|---|---|
| 国内 | 27.6 | 28.1 | 2 |
| 国際 | 61.5 | 103.4 | **70** |
| 内際合計 | 89.2 | 131.5 | 50 |

座席数はコードシェア便も加算されるため
実際よりも多く出る場合あり.

| LCC座席<br>シェア（%） | 2008年 | 2018年 | 伸び率<br>（pts） |
|---|---|---|---|
| 国内 | 6.9 | **52.5** | **45.6** |
| 国際 | 0.7 | **35.2** | **34.5** |

| 航空機運航機数 | 航空機発注残 |
|---|---|
| 410 | 161 |

| 航空会社 | FSC/LCC | 旅客数<br>（百万） | 運航機数 | 発注残 | その他 |
|---|---|---|---|---|---|
| Korean Air | 国営　FSC | 26.6 | 167 | 66 | |
| Jin Air | LCC | 8.7 | 27 | 0 | Korean Air 100％子会社 |
| Asiana | FSC | 21.3 | 82 | 49 | |
| Air Busan | LCC | 6.1 | 25 | | Asiana 100%子会社 |
| Jeju Air | LCC | 10.4 | 30 | 41 | 独立系 |
| T'Way | LCC | 6.2 | 23 | 0 | 独立系 |

旅客数は2017年度実績.
出典：CAPAデータ, 韓国国土交通省データから筆者作成.

えられたことを意味する. 韓国では高速鉄道（KTX）のサービスが
開始された後, 国内航空は需要が落ち込んでいたが, LCCを就航
させたことによって少し巻き返したこと, および高速鉄道が走って
いない済州島路線でLCCが便数を増加したことが, 国内線座席数
が回復した理由である. ちなみに現在ソウル＝済州島線は年間旅客
数が1350万人で, 世界で最も混雑した路線となっている.

　Korean AirはJin AirというLCC子会社, AsianaはAir Busan
とAir Seoulという2つのLCC子会社を運航しており, メインラ
インの路線を積極的にLCC子会社に移管しているのが特徴である.
この結果日本路線もかなりLCC子会社の運航に切り替わっている.

表 2 - 28　韓国の LCC シェア国内50%，国際線へ積極進出

| 社名 運航開始 | 資本 | 機材数 | 旅客数 百万 | 基地 | 利益 15 16 17 | 主な就航地 |
|---|---|---|---|---|---|---|
| Jin Air 2008. 07 | Korean Air 100% | 26 | 8.7 | GMP | ○ ○ ○ | 国内 6 路線，国際20路線，日本　ベトナム　HNL など |
| Jeju Air （独立系） 2006.06 | 愛敬 Grp 75％，済州 自治区 25% | 39 | 10.4 | CJU GMP | ○ ○ ○ | 国内 8 路線，国際31路線 日本　中国　グァム 台湾　タイ　ベトナムなど |
| Air Busan 2008. 1 | Asiana 46% 釜山市54% | 25 | 6.1 | PUS | ○ ○ ？ | 国内 3 路線，国際22路線 日本　中国　グァム カンボジア　比　など |
| Air Seoul 2016. 7 | Asiana 100% | 6 | 0.8 | ICN | ？ ？ | 国内 1 路線，国際16路線 日本　香港　東南アジア |
| Eastar Jet （独立系） 2009. 01 | KIC グループ 100% | 19 | 4.9 | GMP | ○ ○ ？ | 国内 5 路線，国際20路線 日本　タイ　マレーシア ベトナムなど |
| T'Way （独立系） 2004/2010 | | 23 | 6.2 | GMP | ○ ○ ？ | 国内 7 路線，国際25路線 日本　ベトナム　タイ グァム　台湾　比など |

出典：CAPA データから筆者作成.

　ちなみに LCC は金浦空港だけではなく仁川空港にも進出しており，2018年の仁川空港の LCC 旅客数が対前年比20％増の2080万人となる中で LCC が全体の30.7％を占めるまでに拡大した．

　表 2 - 28に韓国の LCC についてまとめて説明する．韓国でのLCC の始まりは2004年に設立され2005年に就航した Hansung Airlines である．経営難から2008年に運休を余儀なくされたが2010年に T'way 航空として再スタートした．2006年に Jeju Air が参入したのを皮切りに Air Busan，Jin Air，Eastar Jet そして2016年のAir Seoul と合計 6 社の LCC がしのぎを削っている．

　韓国の LCC の特徴は国際線に積極的に就航していることである．一番国際線が多いのが Jeju Air で31路線，T'Way が25路線と続き，一番少ない Air Seoul でも15路線である．韓国では規制緩和により

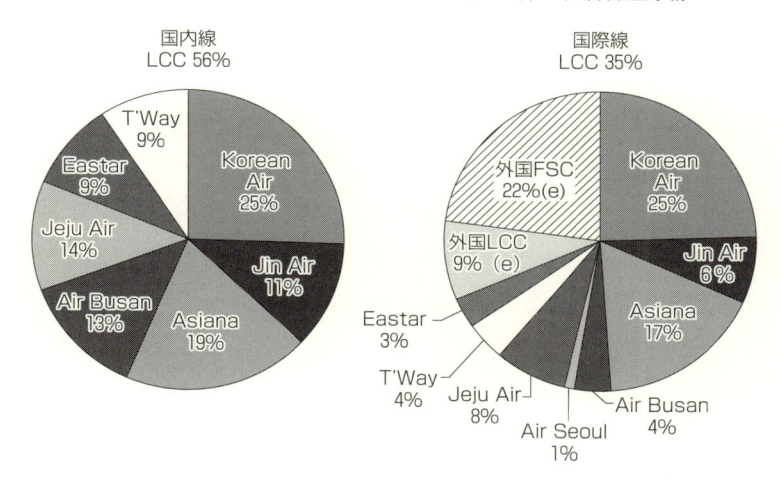

**図2-29　2017年度韓国航空会社別旅客シェア**

出典：韓国国土交通省データから筆者作成.

航空会社を設立したらすぐ国際線に就航可能となっている．日本＝韓国市場では60％がLCCのシェアとなっており，日本航空と全日本空輸はいまや2％程度のシェアとなっている．

　図2-29に2017年の航空各社の実際の旅客シェアを示す．国内線ではKorean Airがトップの25％，Asianaが19％，Jeju Airが14％，Air Busanが13％，Jin Airが11％と続き，LCCがトータル56％のシェアである．国際線ではKorean Airがトップの25％，外国FSCが22％，Asianaが17％，LCCは外国航空会社が9％，Jeju Airが7％，Jin Airが6％と続き，トータル35％のシェアである．隣国では日本と異なる事態が起きているようだ．

　2019年春になって韓国航空業界に激震が走っている．勧進グループの趙会長がKorean Airの不透明なガバナンスの責任を問われKorean Airの株主総会でCEOを解任された．その後長男に事業

継承する機会がないまま急逝してしまったことから，今後の経営に強い不透明感が漂っている．

　錦湖（クムホ）アシアナグループも主力銀行からの圧力で傘下のAsianaの売却の決断を余儀なくされた．これまで一貫性のない事業買収や売却を繰り返した結果資金繰りが悪化していた．これに先立ち不適切会計で朴会長が引責辞任している．主力銀行は半年以内の売却を目指しており，LCC 2社も一緒にに売却したい意向である．

　韓国の2大FSCの混迷が韓国航空市場へどのような影響を及ぼすのか，強く懸念される状況となっている．

### ⑽　中国の航空事情
——依然成長中の巨大航空市場，世界のトップ10に3社——

### (i)　旺盛な航空需要と強大な航空4グループ

　2018年の中国航空会社の輸送実績は速報ベースで対前年11.4％の6.2億人と報道された．これと外国航空会社による輸送旅客数約0.5億人（推定）を加えると市場としての規模は6.7億人となり，8億人強の米国に肉薄しつつある．IATAは2023年頃までに中国が米国を抜いて世界トップに躍り出ると予想しているがそれよりも早まりそうな勢いである．

　表2-29に示すように2012年から2018年までの間の6年間に供給座席数の増加率が国際，国内とも80％前後を示し，巨大な成長市場であることがわかる．また2017年度の輸送実績では旧民航系3大航空会社グループ（Air China, China Southern, China Eastern）はともに輸送実績1億人を超えており，世界のトップ10にランクインしている．またHainanグループも対前年比55％増の7000万人強を輸送し，ランクを大幅に上げている．Hainanを含めたこれら4大グループ

表 2‑29　中国航空市場，業界概観

| 供給座席数<br>（百万） | 2012年 | 2018年 | 伸び率<br>（%） |
|---|---|---|---|
| 国内 | 381.1 | 680.3 | **78** |
| 国際 | 104.4 | 191.8 | **84** |
| 内際合計 | 486.5 | 872.1 | **80** |

座席数はコードシェア便も加算されるため
実際よりも多く出る場合がある.

| LCC 座席<br>シェア（%） | 2008年 | 2018年 | 伸び率<br>（pts） |
|---|---|---|---|
| 国内 | 2.3 | 9.7 | 7.4 |
| 国際 | 2.6 | 14.3 | 11.6 |

| 航空機運航機数 | 航空機発注残 |
|---|---|
| 3,728 | 1,198 |

| 航空会社 | FSC/LCC | 旅客数<br>（百万） | 運航機数 | 発注残 | その他 |
|---|---|---|---|---|---|
| Air China Group | FSC | 101.6 | 663 | 82 | 旧民航系 |
| China Southern Group | FSC | 126.3 | 829 | 215 | 旧民航系 |
| China Eastern Group | FSC/LCC | 110.8 | 689 | 155 | 旧民航系 |
| Hainan Group | FSC/LCC | 71.7 | 540 | 121 | 省営　子会社多数 |
| Spring Airlines | LCC | 17.2 | 81 | 60 | 独立系 |

旅客数は2017年度実績.
出典：CAPA データから筆者作成.

は依然成長を続けており，軒並み世界トップ5に名前を連ねるのも
時間の問題であろう.

　図 2‑30に示すように国内航空ではこれら 4 大航空グループが供
給座席数の86%強を占めており，残り14%弱が民間航空会社および
地方自治体経営の航空会社などとなっている.

　4 大航空会社の当期利益率は 4 社ともここ数年一様に 5 % ± 2 %
程度の範囲内で推移しており，この結果から政府の経営への強い関
与が推測される状況となっている. 規制緩和が行われ民間航空が自
由に航空会社を設立できるようになったが，政府は依然として旧民
航系の経営を重視し，強い影響力を及ぼし続けている.

　3 大航空会社は国際提携に参画しており，Air China は Star
Alliance, China Southern と China Eastern は同じ SkyTeam に参

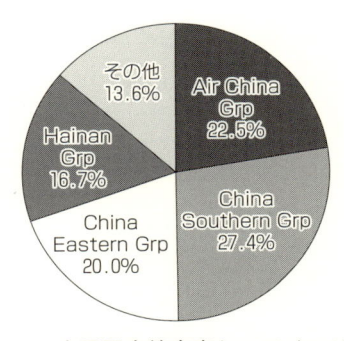

**図2‑30　中国国内線座席シェア**（2018年12月）

出典：CAPA データから筆者作成.

画していたが，China Southern は2019年に SkyTeam から脱退する意向を表明している．Oneworld に参画する可能性が噂されている．ちなみに Hainan は依然として国際提携への参画について表明していない．

## （ii）　中国の航空政策の変遷

　表2‑30に中国の航空政策の変遷を示す．1986年までは中国民用航空局（民航局）による一元管理であったが，1987年から1990年代前半にかけて行政と航空企業の分離政策を実行した．競争現地の導入で民間航空の発展を促す目的で，地方政府による航空会社の新規参入を承認した．主要航空会社を6社に分離し，4社の小規模会社を独立させ，旧民航系の航空会社を10社とした．一時全体で航空会社が40社を超えた．

　1990年代後半には航空需要が鈍化したこと，および航空企業業績が大幅に悪化したことにより一時的に再規制を行った．運賃値下げの原則禁止や運航路線の調整を実施した．

## 表 2 - 30　中国の航空政策の変遷

| 年代 | 政　　策 |
|---|---|
| ～1986 | 航空行政と航空企業一体一元管理 |
| | ・航空行政・空港管理・航空会社という民間航空に係る全てについて中国民用航空局（民航局）が一元管理運営 |
| 1987年～ | 行政と航空企業の分離政策 |
| 1990年代前半 | ・行政と企業を分離する方針決定<br>・競争原理の導入で民間航空の発展を促す目的<br>・地方政府による航空会社の新規参入を承認<br>・主要航空会社を 6 社に分離，4 社の小規模会社独立（直属計10社）<br>・一時全体で40社を超える |
| 1990年代後半 | 航空会社経営難と規制政策一時的復活 |
| | ・航空需要鈍化<br>・航空会社業績大幅悪化<br>・原則運賃値下げ禁止（禁折令）<br>・運航路線調整 |
| 2000年 | 新航空政策と民航の大改革 |
| | ・民航系10社を以下の 3 大航空グループに再編成<br>Air China Grp　China Eastern Grp　China Southern Grp<br>・適正な競争環境の醸成<br>・WTO 加盟を意識，国際競争力の育成 |
| 2004年 | 航空自由化政策ー LCC など民間航空会社設立の自由化 |
| | ・LCC を含む民間航空会社の設立を許可<br>・中国経済の急成長と航空需要の急速な拡大<br>・外国航空会社との競争激化<br>2004年から2006年にかけて春秋航空や吉祥航空など多数の航空会社が参入したが，生き残った航空会社は少数 |
| 2013年～ | 民航局の LCC 発展戦略 |
| | ・低価格の民間航空サービスの必要性認識<br>・LCC の航空機価格，路線参入，運賃などの規則緩和を研究<br>・国内の航空券の下限価格を撤廃 |

参考資料：橋本［2018］.

2000年には新航空政策を導入し旧民航系の航空10社を現在の3大航空グループに再編した. 2001年のWTO加盟を意識しての国際競争力強化策の一環であった. これ以降政府は特に旧民航系3社優先政策に注力してきており, その方針は現在も続いている.

2004年に航空政策の自由化に踏み切り, LCCを含む民間航空会社の設立を自由化した. 中国経済の急成長による航空需要の急速な拡大に対応することが急務であったことと, 外国航空会社との競争が激化したことが背景にある. 2004年から2006年にかけてSpring, Juneyao, Okay, United EagleなどのLCCを含む多数の航空会社が出現した. Springのように現在まで生き残っている会社は少数で, 倒産や他社に買収されて消滅する会社が多かった.

2013年に民航局は中国におけるLCC発展戦略を発表した. 航空の大衆化に対応する新たな政策であり, LCCの航空機調達, 運賃, 路線参入などに係る規制緩和策を策定した. 国内の航空券の下限制限が撤廃されたことにより航空会社は市場の需給状況に基づいて運賃を決めることができるので, LCCは価格優位性や大衆性といった長所を思う存分発揮できることになった.

(iii) 中国のLCC

表2-29に示すように中国のLCC座席シェアは2018年に国内線で9.7%, 国際線で14.3%であり, 2008年比でそれぞれ7.4pts, 11.6pts増加している. 国内線のシェアは伸び悩んではいるが, 市場全体が二桁ペースで成長しているためであり, 実際はLCCの輸送量も二桁ペースで拡大している.

中国の主なLCCは表2-31に示すとおりである. 独立系のSpringを除いて, ほとんどがFSCの子会社である. 特にHainan

表 2-31　中国の主な LCC 概要

| 会社名 | 親会社 | 就航年 | 旅客数<br>（百万） | 機材数 |
|---|---|---|---|---|
| Spring | 独立系 | 2005 | 17.2 | 81 |
| Lucky Air | Hainan Group | 2006 | 10.5 | 52 |
| West Air | Hainan Group | 2007 | 7.1 | 32 |
| HK Express | Hainan Group | 2013（LCC に変更） | 3.7 | 24 |
| China United | China Eastern | 1986/2005 | 7.6 | 49 |
| Chengdu | China Southern | 2006/2010 | 4.5 | 42 |
| 9 Air | Juneyao Airlines | 2015 | 2.2 | 17 |

旅客数は2017年度実績.
出典：CAPA データ，IATA WATS から筆者作成.

グループは LCC 子会社の集約に大変熱心といえる．2017年にはこれらの LCC が6000万人以上輸送したと推定され，これは日本の LCC の輸送実績の 5 倍程度の規模である．2018年は7000万人に肉薄する勢いでありさらに差が拡大する．

　中国の国内線における LCC の座席シェア（2018年12月現在）を図2-31に示す．Spring が最大の25％で，その後に China United の16％と続く．その後に続く15％の Lucky Air と13％の West Air はともに Hainan グループである．その後に Chengdu の11％と続き，その他は20％である．

　前述のように国際線での LCC 進出については国内よりも進展が早い．特筆すべきは東南アジア＝中国市場での LCC シェアの急拡大である．中国は2015年にアセアンとオープンスカイ協定を締結したことで，現在同市場における LCC 座席シェアは35％に急増しており，さらに拡大する様相を呈している．この市場の何％かは長距離線 LCC 路線である．

　世界の他の市場では LCC の進展に伴って既存 FSC が市場を侵食され，市場変革が起きるのが通例であるが，中国は例外である．中

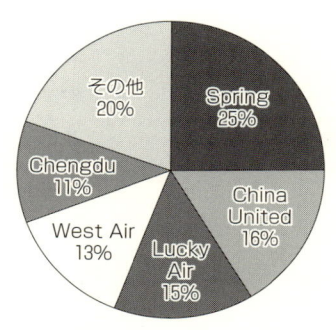

**図 2 - 31　中国国内線 LCC 座席シェア** （2018年12月）

出典：CAPA データから筆者作成.

国では依然 4 大航空会社が勢いよく成長しており，これは LCC に
とっても理想的な環境といえるかもしれない．LCC に一部市場で
多少侵食されようが勢いよく成長を続ける大手 FSC はそれほど気
にしないからである.

## 4　中東航空市場
### ──国際線で未曾有の急成長，原油価格下落で成長一段落──

　21世紀に入り LCC の躍進と連続的イベントリスクに揺さぶられ
苦戦する FSC の陰でこれらとは全く異なるストーリーを作り上げ
ている航空会社群が存在した．それらはアラブ首長国連邦（UAE）
の Emirates 航空に代表される中東の複数の航空会社であり，彼ら
は今の世界の国際航空市場の成長を牽引しているだけではなく，世
界の航空業界の競争地図を塗り替えたといってもよい.

　表 2 - 32に中東航空市場・業界の概観を示す．中東の航空会社は
長期間にわたり驚異的な需要の伸びを記録し，短期間で国際線市場
においてトップクラスの航空会社に躍り出た．ただしここ 1 年ほど

## 表 2-32　中東航空市場・業界概観

| 供給座席数<br>（百万） | 2009年 | 2018年 | 伸び率<br>（%） |
|---|---|---|---|
| 域内 | 71.4 | 119.2 | **67** |
| 域外 | 60.4 | 139.6 | **130** |
| 合計 | 131.8 | 258.8 | **96** |

座席数はコードシェア便も加算されるため
実際よりも多く出る場合あり.

| LCC 座席<br>シェア（%） | 2009年 | 2018年 | 伸び率<br>（pts） |
|---|---|---|---|
| 域内 | 7.5 | 17.2 | 4.7 |
| 域外 | 5.8 | 12.9 | 7.1 |

| 航空機運航機数 | 航空機発注残 |
|---|---|
| 1,670 | **1,521** |

| 航空会社 | FSC/LCC | 旅客数<br>（百万） | 運航機数 | 発注残 | その他 |
|---|---|---|---|---|---|
| Emirates | 国営/FSC | 58.5 | 271 | **209** | 国際線 RPK 世界 1 |
| Flydubai | LCC | 10.9 | 64 | **238** | Emirates と協力関係 |
| Qatar | 国営/FSC | 32.0 | 224 | **204** | 隣接国と国交中断 |
| Etihad | 国営/FSC | 18.6 | 108 | **158** | 外国多数社に出資 |
| Saudia | 国営/FSC | 31.2 | 152 | 50 | 新興　国際線拡大中 |
| Turkish Grp | 国営/FSC | 68.6 | 350 | **243** | 欧州キャリアの扱い |

旅客数は2017年度実績.
出典：CAPA データから筆者作成.

は原油価格の下落に伴って航空輸送の伸びも鈍化しており，一時ほどの勢いはなくなっている．大きな特徴は航空機の発注残の多さである．中東 FSC 3 社は200機近くまたはそれ以上の発注残を有している．LCC の Flydubai が発注残238機と最も多い．Turkish Airlines（厳密に言えば中東のキャリアではない）もやはり発注残が243機と多い．

　旅客数は Turkish の6860万人，Emirates の5850万人，Qatar の3200万人，Saudia の3120万人と続く．2003年に就航した Etihad は1860万人である．

　**表 2-33**に国際線旅客輸送ランキング（RPK：有償旅客キロベース）を示す．Emirates が2890億 RPK で圧倒的な 1 位となっており，2

位の Ryanair の倍近くである．2000年度比較では14.9倍である．5
位の Qatar は1440億 RPK で，3位，4位の Lufthansa, United と
ほぼ同等の輸送量で，2000年度の49.6倍となった．10位の Turkish
は1140億 RPK で，2000年度の8.8倍である．Etihad は900億 RPK
であるが，2003年に就航を開始したばかりで世界の14位にランクさ
れている．これら中東各社の21世紀に入ってからの成長はまさに奇
跡とも言える実績といえる．ただし2017年度以降は原油価格の下落
に伴い輸送量の伸びは低迷している．

　ちなみに全日本空輸は27位の485億 RPK で2000年の2.2倍であり，
日本航空は414億 RPK の31位で，2000年度の0.6倍である．

　2014年には Emirates の基地であるドバイ空港が国際旅客取扱数
でロンドン・ヒースロー空港を抜いて世界一に躍り出た．図2‐32
に示すように2017年はドバイ空港が国際線旅客8800万人を取り扱っ
ており，ロンドンヒースロー空港の7300万人を大きく離している．
トルコのイスタンブール空港もランキングを上げて4400万人で11位
となっている．

　中東航空会社の驚異的な発展の原因は(1)これらの地域の経済的な
発展，(2)同地域の地勢的な条件，(3)政治的安定性，(4)自由な航空権
益の行使，そして(5)国家戦略と航空事業の一体化などがあげられよ
う．(1)についてはトルコを除き原油価格高騰により経済的発展が目
覚ましいことが挙げられる．(2)地勢的な条件としては，ドバイ空港
やイスタンブール空港などが大規模ハブ空港化したことで中東が欧
州，アフリカ，アジアを結ぶ世界の結節点となり，特に乗り継ぎ地
点として利便性が格段に向上したことである．

　(3)については，石油産出国は紛争が多いことは事実であるが，こ
れら3国は政治が比較的安定しており，人・物を安全に輸送できる

表2-33 航空会社別国際線旅客輸送実績 (2000〜2017年度)

単位：10億有償旅客キロ (RPK)

| | 航空会社 | 2000年度 | 2017年度 | 2017/2000 (倍) |
|---|---|---|---|---|
| 1 | Emirates | 19.4 | 288.9 | 14.9 |
| 2 | Ryanair (LCC) | — | 157.1 | — |
| 3 | Lufthansa | 122 | 147.2 | 1.2 |
| 4 | United | 114.2 | 146.6 | 1.3 |
| 5 | Qatar | 2.9 | 143.9 | 49.6 |
| 6 | British Airways | 115.1 | 142.8 | 1.2 |
| 7 | Delta | 100 | 134.2 | 1.3 |
| 8 | Air France | 82.5 | 133.9 | 1.6 |
| 9 | American | 71.7 | 119.9 | 1.7 |
| 10 | Turkish | 12.9 | 114.1 | 8.8 |
| 11 | Cathay Pacific | 47.1 | 111.8 | 2.4 |
| 12 | KLM | 60.3 | 103.5 | 1.7 |
| 13 | Singapore | 70.8 | 95.5 | 1.3 |
| 14 | Etihad | 2003就航 | 90.2 | — |
| 15 | easyJet (LCC) | — | 83.6 | — |
| 16 | Air Canada | 46.4 | 76.8 | 1.7 |
| 17 | Korean | 36 | 74.4 | 2.1 |
| 18 | Thai Airways | 38.7 | 66.1 | 1.7 |
| 19 | LATAM | — | 65.9 | — |
| 20 | Air China | 12 | 65.9 | 5.5 |
| 27 | 全日本空輸 | 22.4 | 48.5 | 2.2 |
| 31 | **日本航空** | **71.9** | **41.4** | **0.6** |

出典：IATA WATS，航空統計要覧をもとに筆者作成.

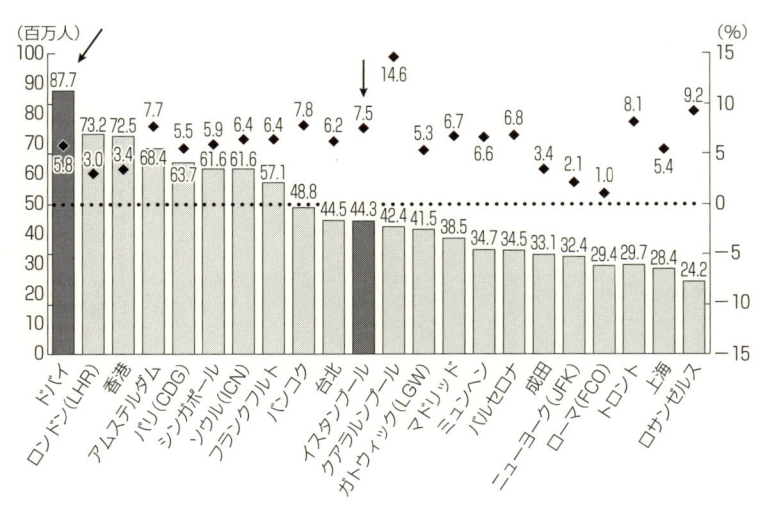

**図 2‒32　空港取り扱い量比較**（国際線旅客数 2017年）

出典：IATA World Airline Statistics 58th Edition をもとに筆者作成.

体制が確保されていることが利点となっている．(4)についてはアラブ首長国連邦やカタールは従来から二国間航空協定で各国からオープンスカイなど比較的自由な航空権益を得ている．特に第6の権利（相手国から自国を経由して第三国に輸送する権利）を積極的に行使しており，乗り継ぎ旅客を輸送するうえで不可欠なものとなっている．

　そして最も重要なのが(5)国家戦略と航空ビジネスの一体化である．トルコ航空を除いた中東航空3社は政府100％所有の国営企業であり，政府の強い国家戦略のもとに航空企業が運営されていることである．そしてトルコ航空も政府が49.12％を保有する準国営企業といってよい．これらの航空会社は税制や空港インフラ整備などで政府の様々な支援を受けながら多くは民間会社である世界のFSCに対して有利な戦いを展開していることは間違いないだ．充実した国

家支援の原資となっているのは潤沢なオイルマネーであり，国家を挙げての支援により(1)〜(4)の好条件を何倍にも増幅していると理解できる．

　急速に世界的に路線を拡大するだけでなく，例えば欧州の経営難のキャリアに出資して経営に対する影響力を強めていることなどに対して，かつて市場を席巻してきた欧米 FSC は，脅威を感じ，さらには敵対心さえも抱いている．欧米の航空会社による「中東航空会社はオイルマネーで多額の国家補助を受けている」という攻撃は根深いものがある．

　EU の FSC が EU 委員会に書面を提出し「すべての中東航空会社の拡大は過剰であり，もはや看過できない」と糾弾した事や，米国 FSC がアラブ首長国連邦やカタールと結んだオープンスカイ協定を破棄すべしと主張し攻撃をエスカレートさせた経緯があり，まだくすぶっているようだ．

　後発の新興国である中東は自国および自国企業の利害のみを考えることができ，その中で航空企業は国家戦略と一体化して運営することも許され，同時に期待されていた．中東航空 3 社がまだ小規模であった時代には諸外国は無視できたが，現在のように強大になりその影響力が大きくなった現在これを看過できなくなり，様々な横やりや批判が起こってきている．今後このようなプレッシャーが強まる中で，中東航空 3 社は今後いつまで自国政府との蜜月状態を続けることができるのかが注目される．

# 第3章

# 日本の航空事情

## 1　は じ め に
　　──21世紀に入り未曾有の航空市場低迷，新政策で回復基調──

　2010年の「国土交通省成長戦略2010」で航空・空港に関する6項目の主要施策が発表された．日本としては戦後初めてとも言ってよい本格的かつ包括的な航空・空港に関わる施策であり，その中でも特に「オープンスカイ推進策」と「LCC参入促進策」がこれまでの政策からの大きな転換を示すものであった．

　オープンスカイ推進政策に従いこれまでアジア諸国および主要各国とオープンスカイ協定を続々と締結し，外国の航空会社が自由に日本の空港に（羽田空港を除く）参入できるようになった．これにより成田空港や関西空港などでは外国LCCが続々と参入している．また「日本のLCC元年」といわれる2012年には3社の国産LCCが初参入し，現在ピーチ，ジェットスター・ジャパンおよびバニラエアなどがこれまで低迷していた国内航空需要を押し上げている．国際航空市場は，LCCとオープンスカイのシナジー効果に加え，訪日外国人の増加が相まって予想を上回る効果が出ており，今後もさ

らなる発展が期待される．このような状況下，わが国の大半の航空会社も黒字を計上し，また空港も国際線便数，国際旅客数増加でにぎわっており，日本の空の歴史の中でも突出した好況ぶりだ．

しかしよく見ると必ずしも喜べない状況にある．国内航空市場はLCC参入効果でやっと10年前の需要水準に戻ったという状況であり，かつ頼みの国内LCCシェアが早くも伸び悩む様相を示している．国際航空市場では日本の航空会社の輸送実績や日本の玄関である成田空港の空港取扱量を見ると10年またはそれ以前の水準までにも回復しておらず，世界の成長からいまだ取り残されている．

実は日本はオープンスカイおよびLCC参入に関しては世界に大きく遅れを取っていた分野であり，日本の航空市場は世界の流れにかなり遅れて変化が起こるいわゆる完全なフォローワーとなっていたことが理由だ．特に21世紀に入ってからその弊害が顕在化し，上記新政策が発動するまでは日本の空はまさにどん底ともいうべき様相を呈していたのである．

## 2　日本の航空市場・業界概観
### ──オープンスカイとLCCで国際線好調──

2017年度の航空市場規模は国内線が前年比＋4％の約1億200万人，国際線が前年比約11％増の9333万人であり，アジアでは中国に次ぐ市場である．ただし国内線についてはインドおよびインドネシアに抜かれつつある．表3-1に日本の航空市場・業界，概観について説明する．2012年から2018年にかけての国内線供給座席数の伸びは7％と低調であるが，国際線の伸びは52％であり，オープンスカイとLCC参入の相乗効果である．LCC座席シェアは2018年に国内線で8.5％であった（2008年は未参入で0％）．国際線は2008年の0.7

表3-1　日本の航空市場・業界概観

| 供給座席数<br>（百万） | 2012年 | 2018年 | 伸び率<br>（%） |
|---|---|---|---|
| 国内 | 130.8 | 139.8 | 7 |
| 国際 | 80.1 | 121.5 | **52** |
| 内際合計 | 210.9 | 261.3 | 24 |

座席数はコードシェア便も加算されるため
実際よりも多く出る場合がある.

| LCC 座席<br>シェア(%) | 2008年 | 2018年 | 伸び率<br>(pts) |
|---|---|---|---|
| 国内 | 0 | 8.5 | 8.5 |
| 国際 | 0.9 | 25.5 | **24.6** |

| 航空機運航機数 | 航空機発注残 |
|---|---|
| 683 | 185 |

| 航空会社 | FSC/LCC | 旅客数<br>（百万） | 運航機数 | 発注残 | その他 |
|---|---|---|---|---|---|
| ANA | FSC | 53.9 | 292 | 82 | ピーチ, バニラエアを保有 |
| JAL | FSC | 42.6 | 231 | 73 | ジェットスター・ジャパン出資 |
| スカイマーク | FSC ? | 7.2 | 27 | 3 | 独立系（ANA 支援） |
| ジェットスター・ジャパン | LCC | 5.4 | 24 | 3 | JAL の関連会社 |
| ピーチ | LCC | 5.1 | 23 | 14 | バニラエアと合併予定 |

旅客数は2017年度実績.
出典：CAPA データから筆者作成.

％から2018年は25.5％で24.6pts 増加している.

　日本の航空会社については国際線・国内線とも依然として全日本空輸（以下，ANA）と日本航空（以下，JAL）の 2 大航空会社が支配している構図が続いており，諸外国に比較して後発の中堅航空会社および LCC の成長が難しい市場となっている. ANA は中堅会社のほとんどを傘下に納め，コードシェアで一部座席を購入している. また LCC のピーチとバニラエア 2 社を保有し，2019年度に合併させる. JAL はジェットスター・ジャパンに出資しているが，経営には強く関わってはいない. 一度経営破綻し ANA の傘下に入ったスカイマークだが，現在は定時到着率ナンバー 1 で黒字の優良会社に生まれ変わった.

　訪日外国人が好調で2018年には3160万人に達し，日本の航空会社

も潤っている．今後も成長が見込まれており，政府は2020年までに4000万人という目標を達成するために様々な政策を展開中である．

## (1) 最近の航空政策および空港政策
### ——規制緩和，空港インフラの遅れが響く——

表3-2に最近のわが国の航空・空港政策について示す．国内航空について日本政府は「需給調整規制廃止」という名のもとに2000年2月発効の改正航空法により自由化に踏み切った．意欲ある企業の新規参入により競争が促進され，その結果サービスの多様化・改善と利用料金の低減によって利用者を増やすことが目的であった．米国は1978年に航空規制緩和法を成立させ，路線参入・撤退，および運賃設定の自由化に踏み切ったが，日本はそれに22年遅れての自由化であった．

航空法改正に先立ち1998年に北海道国際航空（現 AirDo）とスカイマークエアラインズ（現スカイマーク）が35年ぶりに新規参入を果たし，その後の LCC 参入前までに合計6社が新たに日本の空に加わった．競争促進策が JAL/ANA が支配する日本の空に風穴を開け，需要が喚起されることが大いに期待された．しかしながら後述のように実際はその逆の結果となり，需要は大きく低迷した．

国土交通省は2010年に「国土交通省成長戦略2010」を策定し，その中のひとつとして「LCC 参入促進」を主要施策として盛り込んだ．この政策に従い2012年に初めて日本の LCC 3社（外国社との合弁）が参入したことでそれまで低迷していた国内航空需要がようやく上向いた．

国際航空について目を転じてみると，2007年に閣議決定されたアジア・ゲートウェイ構想で「アジア・オープンスカイ」が最優先項

表3-2　最近のわが国の航空・空港にかかわる政策

| ・2000年　国内航空規制緩和 |
|---|
| ・2007年　アジア・ゲートウェイ構想 |
| 　・国際航空政策を保護主義から自由化政策（オープンスカイ）に大転換 |
| ・2010年　国土交通省成長戦略（2010.5） |
| 　・オープンスカイ推進<br>　・首都圏空港競争力強化（羽田，成田容量拡大）<br>　・空港経営改善（関空＋伊丹経営統合）<br>　・LCC参入の促進　他2項目 |
| ・2010年　閣議決定　新成長戦略（2010.6） |
| 　・首都圏空港を含むオープンスカイの推進 |
| ・2012年　閣議決定　日本再生戦略（2012.7） |
| 　・観光立国推進戦略，LCCを欧米並みの20%～30%に（2020までに） |
| ・2013年　交通政策基本法（2013.11） |
| 　・国際航空輸送網の形成や空港の整備等による産業・観光等の国際競争力の強化（第19条） |
| ・2013年　閣議決定　日本再興戦略（2013.6，改訂版2014，2015，2016） |
| 　・首都圏空港の強化と都心アクセスの改善 |
| ・2015年　交通政策基本計画 |
| 　・交通に関する政策，基本方針，目標，工程（2020年度まで），計画推進 |
| ・2015年　交通政策白書（2015，16，17，18） |
| 　・交通政策基本法に基づき講じた交通施策，並びに講じようとする施策について毎年報告 |
| ・2016年　羽田，成田空港容量再拡大決定（2020までに羽田，成田で＋7.9万回） |

出典：筆者作成.

目として掲げられた．国家として日本経済活性化のためによりオープンな国家とする必要性が強く認識され，特にアジアの活力を自国に取り込むことが重要と結論付けられた．それまで日本政府は国際航空については一貫して保護主義を貫いてきており，1990年代半ばから始まった世界的な国際航空自由化の流れに抗してきたが，十数年遅れて国際航空政策の自由化へ転換することとなった．

　その後「国土交通省成長戦略2010」でオープンスカイの推進，首都圏空港競争力の強化（羽田空港，成田空港容量拡大），空港経営改善（関西空港と伊丹空港の経営統合），LCC 参入促進などの 6 項目が優先施策として掲げられた．同2010年に新成長戦略が閣議決定され，「首都圏空港を含むオープンスカイの推進」が掲げられた．

　2012年に閣議決定された日本再生戦略では観光立国推進戦略の中でLCC のシェアを2020年までに欧米並みの20〜30％を目標とすることが明記された．2013年には交通政策基本法が成立し国際航空輸送網の形成や空港の整備などによる産業・観光の国際競争力強化がうたわれた．2013年閣議決定の日本再興戦略（以降2016年版まで続く）では首都圏空港の強化と都心アクセスの改善が明記された．

　そして2015年には交通政策基本計画が決定され，航空を含む交通に関する政策，基本方針，目標および2020年までの計画推進について具体的な工程が明示された（この中で LCC の目標は2020年までに国内14％，国際17％とされており，2012年の閣議決定の内容から大きく下方修正されているが，その説明はなされていない）．同じく2015年に初めて『交通政策白書 2015』が発行され，交通政策基本法に基づいて講じた交通施策および今後講じようとする施策について報告された．以降毎年交通政策白書が発行され，施策の進行状況と今後の方針が報告されている．

　結論としては，「国土交通省新成長戦略2010」の航空諸施策が柱となり，2015年の交通政策基本法の中で決定された2020年までの詳細工程に基づいて諸政策が展開されている現状と理解できる．

## (2)　航空・空港政策に係る各施策の現在の進行状況
### ——以前より速い速度で進行中——

　国土交通省は現在世界の33カ国・地域とオープンスカイ協定を締結し，日本の国際航空市場の95％程度がカバーされたと発表している（筆者注：なお，オープンスカイから除外されている羽田空港は国際線旅客数が1700万人で日本全体国際線旅客数の20％のシェアを有していることから，日本の国際航空市場の95％がカバーされたという表現は誤解を生む）.

　特にLCCを主体とする近隣国の航空会社が日本への就航路線を増やしている．訪日外国人の増加というタイミングにもタイムリーにマッチした政策となっている．ただし成田空港は以遠権を認めない制限付きオープンスカイとなっており，また混雑空港である羽田空港はオープンスカイから除外されている．このように国際航空市場の6割を占める両空港に制限を残しているため，今後大きな改善の余地を残している．

　首都圏空港競争力の強化については，2010年10月時点で羽田空港と成田空港をあわせた年間発着枠数が52.3万回であったが，羽田空港第4滑走路の新規オープンなどに伴い，2015年3月には74.7万回と43％以上増加した．さらに2020年までに羽田空港で3.9万回，成田空港で4万回容量を拡大することが2016年に決定された．現在この目標の実現に向けて住民説明会などを開催している．

　関西空港と大阪伊丹空港については2012年に新関西国際空港株式会社の設立により経営統合が完了した．民間活力を活用する目的のコンセッションにより事業運営権を2016年に関西エアポート（オリックスと仏バンシ・エアポートのコンソーシアム）に譲渡した．さらに2018年には神戸空港が傘下に入った．

　LCC参入促進については2012年にANA系のピーチ，エアアジ

ア・ジャパンおよびJAL系のジェットスター・ジャパンが参入を
開始し，前述のように低迷していた国内航空需要が増加に転じた．
LCCターミナルについては，関西空港および成田空港ではすでに
建設して活用中であり，中部空港では2019年9月からの使用開始に
向けて建設中である．

## (3) 国内航空市場の状況
—— LCC参入でようやく10年前の水準を超える——

2000年の航空法改正による国内航空自由化で運賃設定や路線参入
が自由にできるようになった．2012年のLCC参入前までに計6社
が新規参入したが，成長速度も遅く，また経営破綻するなどLCC
ビジネスモデルが羽ばたくことはなかった．Air Doは運賃半額を
掲げてまさにLCCとなることを目標に掲げたとも言えるものの，
現在はその面影は全く見られない．これら新規航空会社は諸外国の
新規航空会社に比較して成長速度が非常に遅いことが特徴である．
例えば2001年参入のエアアジアはグループで200機以上を運航，
7000万人以上を輸送しており，機材発注残も同400機以上である．
一方1998年に参入したスカイマークは輸送人数770万人で機材数が
27機，機材発注は2機にとどまる．

結局これら新規参入航空会社（現在の中堅会社）の大半がANAの
傘下に入るに至り，図3−1に示すように国内の航空利用者数もこ
の期間に増加するどころか減少し，規制緩和が目指した競争促進，
需要喚起とは逆の結果となった．これは一義的には規制緩和政策の
失敗と結論付けられるが，羽田空港の発着枠不足や新規航空会社の
経営力不足なども一因であった．また需要減少については2008年の
リーマンショック，2010年のJALの経営破綻，続いて起こった

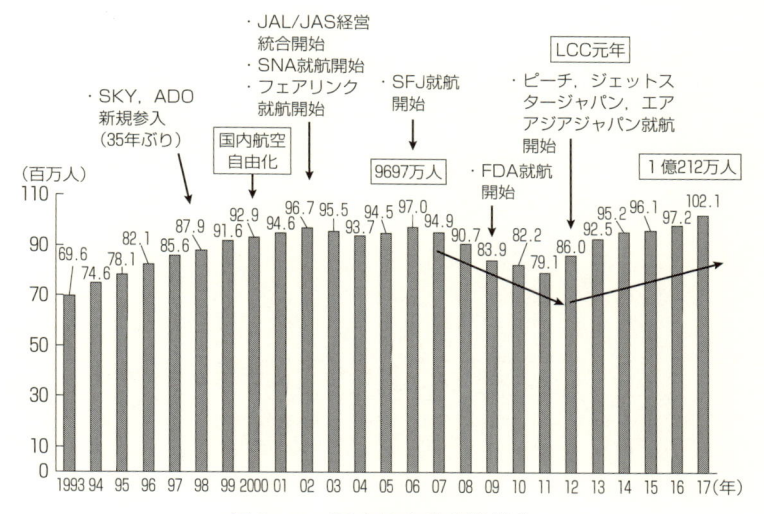

**図 3 - 1　国内航空旅客数推移**

出典：国土交通書統計から筆者作成.

2011年の東日本大震災なども足を引っ張ったといえる.

　そのような中，2010年に前述の「LCC 参入促進」政策が掲げられ，この方針に沿って2012年に国産 LCC 3 社が市場参入を果たし，2012年以降，ようやく国内航空需要が増加に転じた. 過去新規航空会社 6 社に期待されつつも成しえなかったことを LCC が実現したことになる.

　ただし LCC 参入後でも対前年増加率が数％とそれほど高くない伸び率で推移しており，堅調な伸びとは言いがたい. 2016年に9720万人となりようやく過去最高の2006年の9697万人に達したばかりである. 言い換えれば新規 6 社と LCC 3 社が参入して何とか10年前の水準に戻ったという，手放しでは喜べない結果である. さらに後述のように LCC シェアが2015年の10％をピークとして早くも伸び

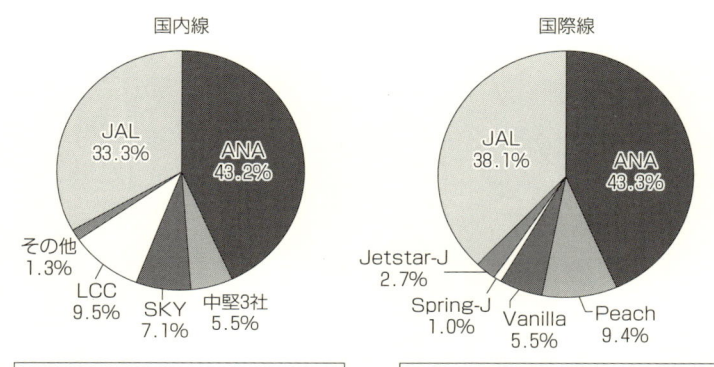

国内線

国際線

ANAは中堅3社などとのコードシェ
アで座席をANA便として購入してお
り（全体の4.3%），それもANA実績
に含めている．

日本の国際航空市場規模は9333万人
であり，そのうちの24%が日本の航
空会社の輸送量である．このグラフ
はその24%の内訳である．

**図3-2　日本の航空会社別市場シェア** （2017年度）

出典：航空経営研究所.

悩む傾向が出ており，現状は国内航空市場の本格的な発展とはいい
難い．今後の健全な成長のためには更なる政策的な後押しが必要と
いう現状だ．

　図3-2に日本の航空会社の国内線，国際線における旅客シェア
を示す．国内線は ANA が43.2%で最もシェアが大きく（中堅3社と
のコードシェアで買い上げている座席の輸送分4.3%を含む），ANA 傘下の
中堅3社のシェアが5.5%である．JAL は2番目の33.3%で，LCC
が9.5%，スカイマークが7.1%そしてその他が1.3%である．最近
はスカイマークがシェアを伸ばしているが，LCC は2015年の10%
をピークに伸び悩んでいる．

　日本の国際線の市場規模は2017年度 9333万人であるが，このう
ち日本の航空会社の輸送シェアは24%の2238万人である．グラフは
この24%における内訳を示したもので，ANA が43.3%である．た

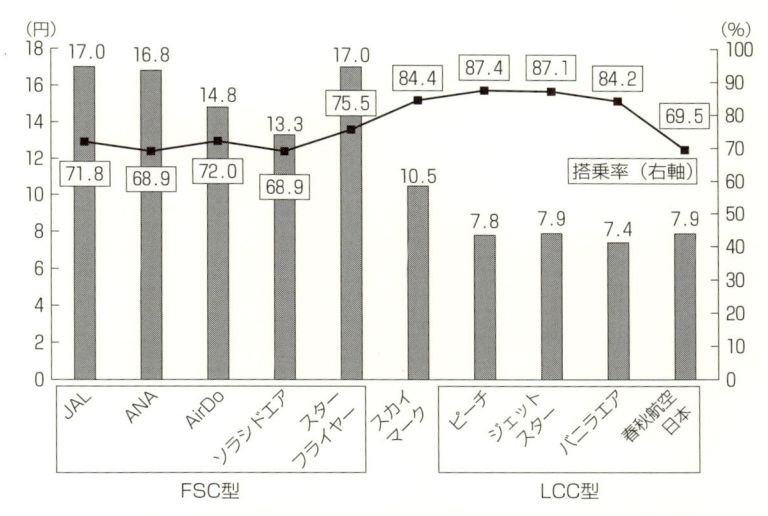

**図 3-3　国内航空会社単位当たり運賃\*と搭乗率** （2017年度国内線）

注：＊単位あたり運賃（イールド）：旅客 1 人を1km 輸送して受け取る運賃.

出典：国土交通省統計，航空経営研究所.

だし ANA の LCC 子会社ピーチの9.4％およびバニラエアの5.5％を足しあげると58.2％と過半を占める．JAL は38.1％，ジェットスター・ジャパンが2.7％である．LCC はピーチとバニラエアも含めて18.6％である．

　図 3-3 に各社の国内線の単位あたり運賃（イールド）と搭乗率を示す．FSC 型と LCC 型の 2 グループに大別される．スカイマークは LCC ではないが，高い搭乗率と比較的安価な運賃から，FSC というよりも LCC 的なビジネスモデルといえるかもしれない．

　FSC の典型的な例は JAL，ANA とスターフライヤーで，イールドが17円前後，搭乗率が70％前後である．スターフライヤーは搭乗率が75％台と少し高い．これら 3 社は LCC に比較して「高い運賃×低搭乗率」という特徴が際立っている．AirDo とソラシドエア

は3社に比較して少し運賃が低い.

　ピーチ, バニラエア, ジェットスター・ジャパンおよび春秋航空日本は典型的な LCC ビジネスモデルで, 運賃は7円台と FSC 3社の半額以下で, 搭乗率が春秋航空を除いて80％台半ばおよびそれ以上である. FSC に比較して「低運賃×高搭乗率」という LCC としての特徴が際立っている.

## (4)　国際航空市場の状況
### ──日本の航空会社の国際線輸送は長期低迷──

　図3-4に日本の航空会社の国際航空市場でのプレゼンスが著しく低下している状況を示す. 2000年には国際線旅客輸送実績でわが国の航空会社はアジアで圧倒的な1位（世界で4位）に君臨していたが, 2000年以降に著しい落ち込みを経験し, 中国, 香港, シンガポール, 韓国などに追い抜かれてしまった. またタイにも一時追い抜かれた.

　2000年と2017年の輸送実績を比較すると（図3-4棒グラフ参照), 中東の16.2倍, 中国の11.1倍は別格としても, 各国とも2倍近辺から3倍に達する実績を示している. また世界全体も2.7倍成長しているのに対して, 日本のみが0.9倍と減少している. つまり, オープンスカイと LCC で盛り上がっていても, わが国の航空会社の国際線輸送量は2000年の水準にもまだ達しておらず, 世界の成長から一人取り残された, いわゆるガラパゴスの状態にあるといえよう.

　この間世界の輸送実績に占めるシェアを見てみると, 日本は図3-5に示すように2000年の5.8％から2011年には最低の1.6％まで極端に落ち込んだ. 現在はやや回復して2.0％となっているものの他国も成長しているので伸び悩んでおり, ガラパゴス状態から抜け出

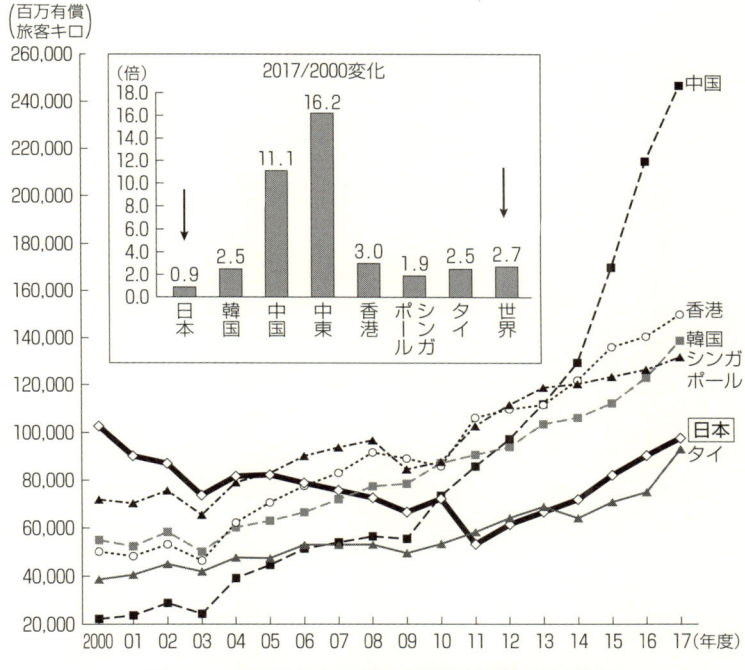

**図 3 - 4　各国航空会社の国際線輸送実績推移**

出典：ICAO Annual Report から筆者作成.

すのはなかなか難しいのが現状である．ちなみに韓国は2.9％，中国は5.1％だ．

　この結果は日本経済の低迷，保護政策による日本の航空会社の国際競争力の低下，空港発着枠不足による日本の航空会社の成長余地の制限なども原因であると考えられる．しかしこのような極端なケースは先進国の航空輸送市場では異常ともいえるものであり，やはり日本の航空政策や空港政策が世界の趨勢や時代の流れに合致しないままに長期間放置され続け，結果として「逆張り」の政策となっ

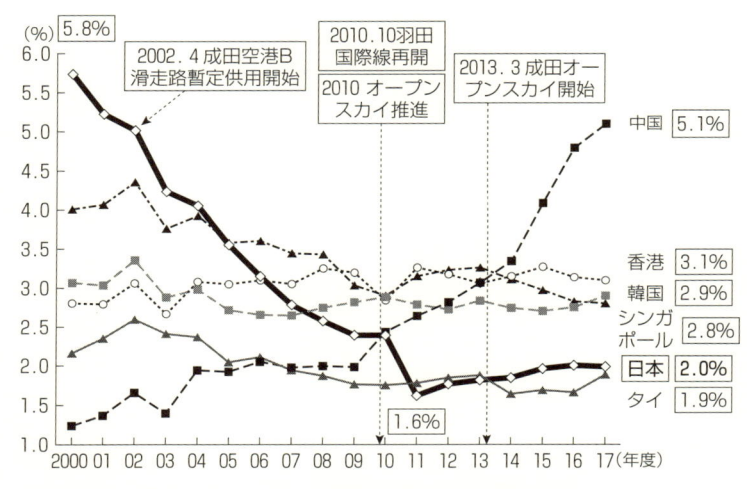

**図3−5　各国航空会社の国際線輸送シェア推移**（有償旅客キロベース）

出典：ICAO Annual Report から筆者作成.

ていたことが原因と結論付けざるを得ない.

## (5)　国際旅行市場需要推移
### ——訪日外国人急増，オープンスカイ，LCC 参入効果——

　日本の航空会社の国際線輸送実績の伸び悩みとは裏腹な，大いに活況を呈する状況が日本の国際旅行市場で発生している．前述のように「LCC 促進政策」と「オープンスカイ推進政策」が同時進行となっており，この両政策が牽引役となり，特に多くの外国のLCC が地方空港も含めて積極的に参入を開始したことなどによる.

　日本の国際旅行市場については出国日本人市場（アウトバウンド市場）と入国外国人市場（インバウンド市場）の2つの大きな市場に分かれており，その需要推移を**図3−6**に示す（2018年はクルーズ船による訪日外国人の数244万人も含まれる）．従来は出国日本人数が圧倒的に

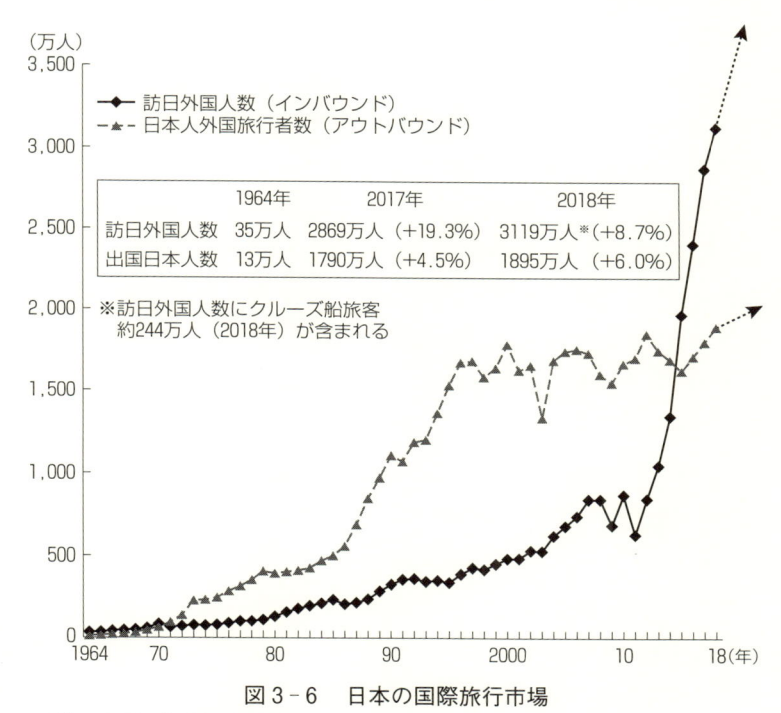

（万人）

- ◆— 訪日外国人数（インバウンド）
- ▲- 日本人外国旅行者数（アウトバウンド）

|  | 1964年 | 2017年 | 2018年 |
|---|---|---|---|
| 訪日外国人数 | 35万人 | 2869万人（+19.3%） | 3119万人※（+8.7%） |
| 出国日本人数 | 13万人 | 1790万人（+4.5%） | 1895万人（+6.0%） |

※訪日外国人数にクルーズ船旅客
　約244万人（2018年）が含まれる

**図 3-6　日本の国際旅行市場**

出典：JNTO データなどから筆者作成.

訪日外国人数を上回っており 4 倍程度の大差が付いていたが，近年の訪日外国人の急増を受けて2015年に逆転し，その後もその差が急拡大する様相を呈している．2018年の実績では訪日外国人数が対前年比8.7％増の3119万人になり，出国日本人数（1895万人）を1200万人以上上回った．

　訪日外国人の急増は LCC の参入促進政策およびオープンスカイ推進政策のみならず，観光政策による促進効果および円安効果などが混在している結果であり，ひとつの効果だけを切り離して示すこ

とは難しい.

　現在の訪日外国人数の伸びの勢い，国際線の LCC シェアの順調な伸び，政府の観光目標の倍増（2020年の訪日外国人数4000万人）による政策支援を考えると，日本の国際航空市場は成長の余地が大いにあると考えられる．ただしそれは日本に続々と参入する外国航空会社（主に LCC）により輸送される訪日外国人の増加によって，すなわち「外来」手段によって実現されつつある様相を呈しており，イベントリスクなどへの耐性には問題があろう．しかし現在のようにわが国の航空会社の国際線輸送拡大が遅い状況では，他に選択肢はないということも事実である．内閣府は「地域経済2018」で LCC 就航便数が国際線で年20％で増加すれば2020年には訪日外国人数は4210万人になると試算しているが，これも外国航空会社頼みの試算ではある．

　図 3 - 7 に日本の国際航空市場の状況を示す．1885年から2017年の国際線定期便旅客数を全体および日本の航空会社のみに分けて棒グラフで表示した．また折れ線グラフで日本の航空会社の全体に占めるシェアを示す．

　全体としては1985年から2000年にかけては旅客数はほぼ順調に拡大し，2000年度は総旅客数で5000万人，日本の航空会社は2000万人規模に達した．いずれも1985年度のほぼ 3 倍である．以降2011年までは2001年の米国同時多発テロ，2003年の SARS，2009年のリーマンショックなど複数のイベントリスクに加えて2011年の東日本大震災の影響を受けて伸び悩み5000万人規模で推移した．日本の航空会社は JAL の破綻もあって1300万人規模に 3 割以上縮小した．

　2012年以降は状況が一変し，一直線に急増し，2017年度は9333万人となった．外国人需要の激増，オープンスカイによる特に LCC

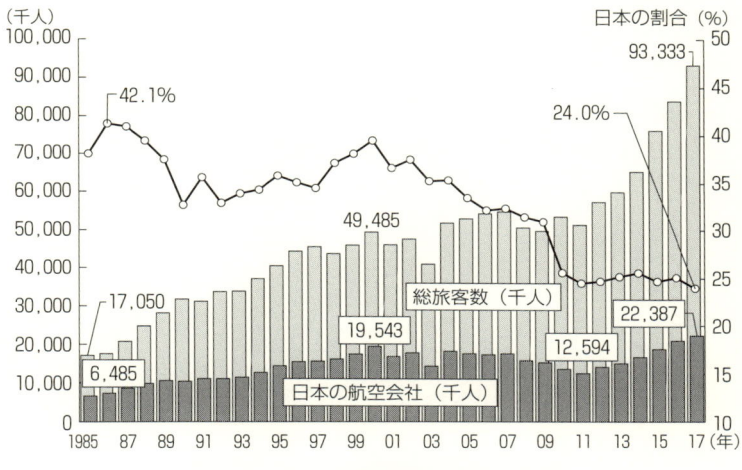

**図3-7　日本の国際航空市場の状況**

出典：航空経営研究所.

の参入促進が主な原因であるが，日本の航空会社もLCC参入や
ANAの増便等で2200万人に増加した．

　日本の航空会社の旅客シェアについては，当初約40％程度あった
シェアが一旦30％半ばまで減少，その後2000年には再度40％近辺ま
で盛り返した．ただし2001年以降は減少の一途をたどり，JALの
経営破綻もあり2011年には25％を割り込んだ．その後LCCの参入
やANAの増便があったが，外国航空会社の規模拡大（特にLCC）
が著しく，2017年度は24.0％に低下した．

## (6)　主要空港の状況
### ——国際線で伸び悩む成田，関西・羽田は国際線旅客増——

　LCCターミナル建設については前述の通りである．成田空港お
よび関西空港はLCC参入により両空港とも便数，旅客数の伸びが

好調であり，特に国際線では外国人が日本人よりも多いという5年前にはまったく予測できなかった状況が発生している．

　関西空港では2019年国際線夏季スケジュールにおけるLCC便数シェアは35.7％となっており，このような状況の中で国際線旅客は外国人が日本人の倍以上となっている．国内線単独では50.4％，全体では39.4％である．比較的短期間に全体に占めるLCCの便数が4割になったという事である（CAPAデータ）．

　成田空港では2019年夏季スケジュールにおける全体のLCC便数シェアは32.1％となっており，国内線単独では70.9％と高いシェアとなっている．国内線では2012年にエアアジア・ジャパンとジェットスター・ジャパンが参入したことで日本のLCCの主要な基地となり，国内路線が少なかった成田空港の国内ネットワークの拡大に貢献している．

　成田空港では国際線において2013年3月からオープンスカイが適用されたこともあり外国LCCの参入ラッシュが現在まで続いている．同国際線スケジュールにおけるLCCシェアは20.5％で，2017年冬季スケジュールの18.4％から確実に上昇している（CAPAデータ）．この影響もあり国際線旅客の半数以上が外国人となっている．その他新千歳，那覇，福岡を含む多数の空港でLCC参入や外国人取り扱い数が大幅に伸びている．

　このような状況の中で日本の多くの空港は近年の低迷状況から抜け出し，旅客数や運航回数で好調な実績を出している．これはこれで大変素晴らしいことには間違いなく，まさに近年の航空政策，空港政策が有効に働いていることの証でもある．

　しかし一方で過去の実績および近隣諸国の主要空港との比較を見てみると，必ずしも喜べない状況が露呈される．図3－8に2007年

から2017年までの11年間の各空港の国際線旅客数を示す（2010年に羽田空港が国際線を再開したことで，成田空港単独の実績に加えて，成田空港と羽田空港の実績を合計して首都圏空港の実績とする．同じように仁川空港と金浦空港の実績を合計してソウルの実績とする）．

　昨今の報道で聞かれるように首都圏空港の実績は確かに伸びてはいるが（対2007年比147％），2010年頃にソウルに追い抜かれてそのギャップが依然拡大していることがわかる．ソウルは2007年比で202％，仁川だけでは200％となっている．また台北（桃園）空港も232％の伸びで，2013年に，ちょうどオープンスカイとなった成田空港を抜き，現在は首都圏空港を急追していることがわかる．

　成田空港の極端な低調ぶりが目に付く．2007年比で旅客数が101％となり，11年間でやっと以前の水準に戻った状況である．成田空港は2014年度までに発着枠を20万回から段階的に30万回まで拡大し，さらに2013年３月からオープンスカイ（以遠権を除く）が適用され，着々と新政策を実施してきたはずであるが，残念ながらその効果がそれほど見られない．近年LCCが続々と参入し外国人旅客の急増など景気の良い話題で満載であるが，その一方で内外のFSCが相次いで撤退している．羽田空港が国際線を再開し，FSCの便が羽田空港にシフトしたことは痛手であるが，それを割り引いてもやはり低調な実績であるといえる．ジャパン・パッシングが進む中，以遠権を認めない制限的なオープンスカイやカーヒュー（門限）が存在していることも競争上おおいに不利に作用していると思われる．一方24時間空港でLCCシェアが４割近くに達する関西空港や，利便性の高い羽田空港の国際線旅客数は順調に伸びている．

　二桁またはそれに近い伸びを示す近隣の仁川，台北に比較して，相対的に低い首都圏空港の伸び率，そして各種政策発動後もそれほ

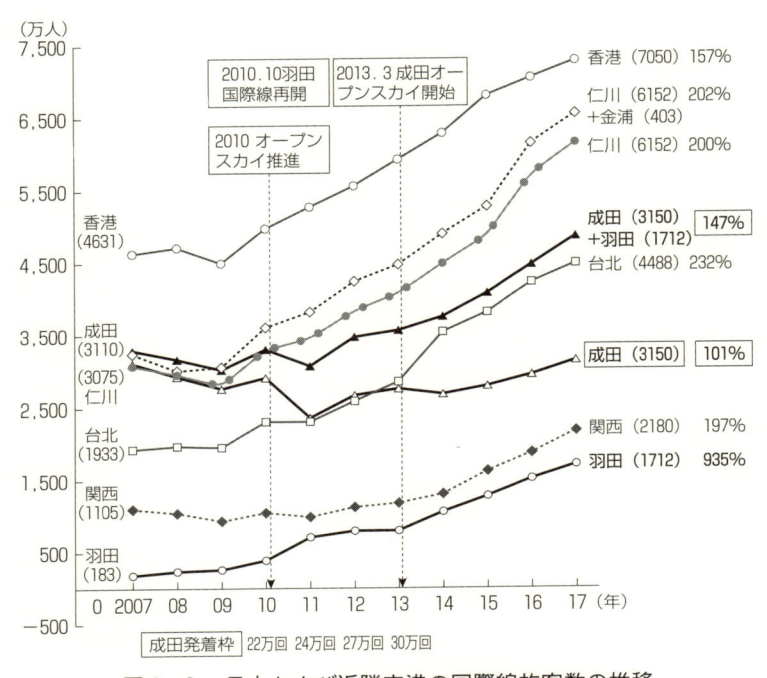

**図 3 - 8　日本および近隣空港の国際線旅客数の推移**

出典：日本の空港は国土交通省［2017］空港管理状況調書，その他は ACI 統計および CAPA
データから筆者作成．

ど伸びない成田空港の実績を見ると，本来は首都圏空港に帰すべき
需要を近隣国の空港に取られている可能性が高いと指摘されるゆえ
んである．空港間の国際競争があることを忘れてはならず，国内の
情勢だけを見ての生半可な「浮かれ」は禁物ということだ．

## 3　日本における LCC の現状
──国際線好調，国内線伸び悩み──

### (1)　日本市場の LCC シェアの推移
──国内線10％で足踏み──

図3-9に示すように，国内線の LCC 旅客シェアは2015年の10.0％をピークとして伸び悩んでいる．この傾向から2018年度も10％程度と推定される．政府の現在の目標は2020年までの LCC シェア14％であり，これは2012年の日本再生戦略で掲げた目標「欧米並みの20％から30％」から大幅に下方修正したものであるが，それすらもクリアーすることが難しい様相を呈している．

日本の LCC 各社は急増する訪日外国人の取り込みを目指してリソースを国内線から国際線にシフトしていることも一因だが，やはり国内市場においては成田空港の混雑やカーフュー（門限）などの制約もあり，なかなか規模拡大の意欲が湧かないことも一因と考えられる．諸外国では LCC 参入5年以内のシェア停滞はあまり見られないが，日本においては現状の航空政策（羽田空港の昼間時間帯の LCC 参入は認められていない）のままでは今後いつ反転するのかを予測するのは難しい．状況改善のための具体的な航空政策が示されるべきである．

同様に図3-9に示すように国際線では LCC のシェアが2015年に13.5％から2017年にはすでに21.7％に達しており，また2018年の座席シェアは25.5％になっており，すでに政府目標の17％を凌駕して順調な伸びを示している．国土交通省の現在の目標は2012年の日本再生戦略で掲げた目標（欧米並みの20％から30％）から大幅に下方修正したものであるが，オープンスカイに舵を切った現在，下方修正は

LCC シェア2020年政府目標　国内14%　国際17%

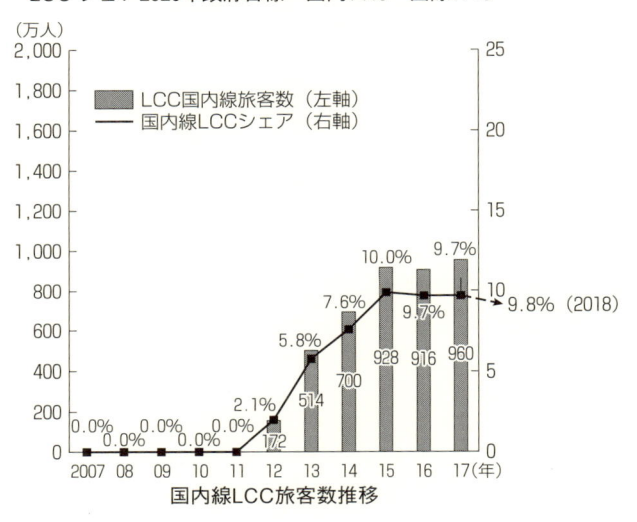

国内線LCC旅客数推移

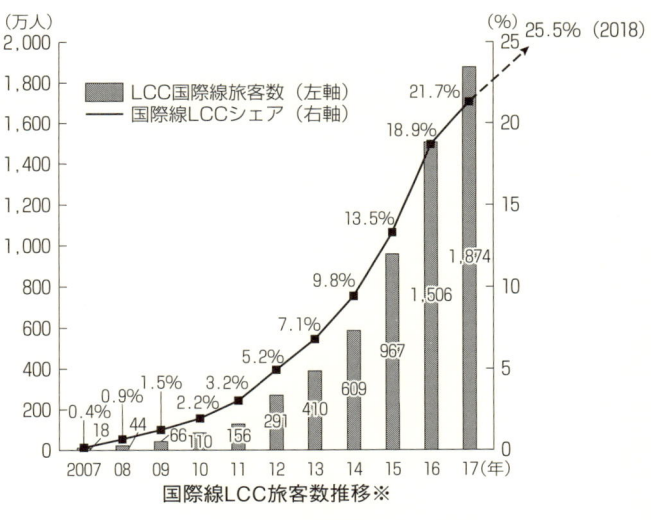

国際線LCC旅客数推移※

## 図 3 - 9　日本の LCC 旅客数，シェア推移

2018年の国内線は上半期実績．同国際線は座席シェア（CAPA データ）
出典：国土交通省，CAPA データ．

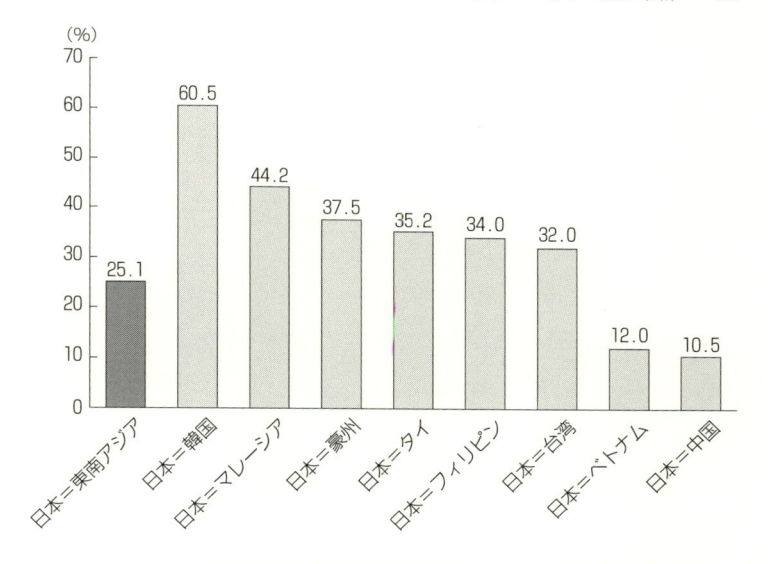

**図3‑10　日本＝地域・国別LCC座席シェア**（2018年12月）
出典：CAPAデータをもとに筆者作成.

的を外れたものであったことが判明した.

　2010年からのオープンスカイ政策の推進で関西空港や地方空港に
まず外国LCCが参入を開始し，2013年3月からオープンスカイに
なった成田空港にも外国LCCが積極的に参入している．この時期
にタイムリーに訪日外国人が急増したことも参入や増便を支える後
ろ盾になったといえる.

　各市場と日本の間のLCC座席シェアについて図3‑10に示す.
日本＝東南アジア間ではすでに25％がLCCのシェアとなっている
が，国別では近距離の日本＝韓国間が最も高く，60％となっている.
その次がマレーシアの44％で，それ以降は豪州の37％，タイの35％，

フィリピンの34%，台湾の32%と30%台が続く．ベトナムは12%と低いが VietJet が日本参入に積極的で短期間に増えることが期待できる．中国は10%とまだ低い．

## (2) 日本の LCC の概要および経営状況
### ——黒字化達成（春秋航空を除く）——

表 3 - 3 に日本の LCC の概要を，表 3 - 4 にその経営状況を示す．LCC の経営状況は西高東低で始まった．関西空港を基地とするピーチは早くから経営が軌道に乗ったものの，成田空港を基地とするジェットスター・ジャパンおよびエアアジア・ジャパンは当初から大幅な赤字を余儀なくされ，結局エアアジア・ジャパンは ANA と袂を分かち，1 年で日本市場から撤退した．エアアジア・ジャパン撤退後にその後釜として ANA100％子会社のバニラエアが就航した．

ピーチは ANA と香港企業の合弁会社で，早期の黒字化達成で日本市場でも LCC が根付くことを立証した．女性客をターゲットとした戦略が奏功し，乗客の 5 割以上が女性である．2017年度は511万人を輸送している．また国際線（現在ソウル，釜山，台北，高雄，香港，上海，バンコクに就航）に積極的に進出しており，訪日外国人増の流れを取り込み約 7 割が外国人である．沖縄を第 2，仙台を第 3，新千歳を第 4 の基地として国内でも規模拡大に意欲的である．現在23機を運航中で，発注残が14機である．2017年 4 月から ANA がピーチへの出資比率を38.7％から67％に高め子会社化した．ANA はピーチとメインラインとの棲み分けを進める戦略と見られる．

バニラエアは ANA の100％子会社で，成田＝奄美大島に参入し訪問者の急増で大きな経済効果をもたらしたことが話題になった．

## 表 3-3　日本の LCC の概要

| 会社名 | ピーチ | バニラエア | ジェットスター・ジャパン | 春秋航空日本 | エアアジア・ジャパン |
|---|---|---|---|---|---|
| 主要株主 | ANA　67%<br>外国資本33% | ANA　100% | JAL　33.3%<br>カンタス　33.3%<br>その他33.4% | 春秋航空　33.0% | エアアジア　33.0%<br>楽天　18.0%<br>その他　49% |
| 拠点空港 | 関西　那覇<br>仙台　新千歳 | 成田 | 成田　関西 | 成田 | 中部 |
| 使用機材 | A320×23<br>発注残 14機 | A320×15<br>発注残 0機 | A320×24<br>発注残 3機 | B737×6 | A320×2 |
| 運航開始 | 2012年3月1日 | 2013年12月20日 | 2012年7月3日 | 2014年8月1日 | 2017年10月29日 |
| 運航路線 | 国内線14路線<br>国際線13路線<br>（含バンコク） | 国内線 7路線<br>国際線 7路線<br>（ホーチミン撤退） | 国内線16路線<br>国際線 8路線 | 国内線 4路線<br>国際線 4路線<br>（含重慶　武漢） | 国内線 1路線<br>国際線 1路線<br>（台北） |
| 旅客数<br>（2017年度） | 512万人 | 267万人 | 535万人 | 73万人 | 2020年までに30機体制を計画 |
| 事業形態の特徴 | ANA の連結子会社<br>2019年度にバニラエアを統合 | ANA の連結子会社<br>2019年度にピーチが吸収 | JAL から独立した事業運営 | 春秋航空（中国）のネットワークを生かした事業運営 | エアアジアグループによる再参入 |

出典：国土交通省資料などをもとに筆者作成.

## 表 3-4　日本の LCC の経営状況

| 会社名 | ピーチ・アビエーション | | バニラエア | | ジェットスター・ジャパン | | 春秋航空日本 | |
|---|---|---|---|---|---|---|---|---|
| 年度 | 2016 | 2017 | 2016 | 2017 | 2016 | 2017 | 2016 | 2017 |
| 営業収入（億円） | 517 | 547 | 239 | 329 | 528 | 570 | 51 | 91 |
| 営業費用（億円） | 454 | 489 | 240 | 321 | 517 | 558 | 89 | 134 |
| 営業損益（億円） | 63 | 57 | ▲0 | 8 | 10 | 11 | ▲38 | ▲42 |
| 営業利益率（%） | 12 | 10 | 0 | 2 | 2 | 2 | ▲75 | ▲46 |
| 経常損益（億円） | 53 | 56 | ▲2 | 10 | 14 | 10 | ▲37 | ▲42 |
| 当期損益（億円） | 49 | 37 | ▲7 | 12 | 4 | 9 | ▲37 | ▲42 |
| 旅客数（万人） | 486 | 512 | 212 | 267 | 521 | 535 | 49 | 73 |
| 機材数/発注残 | | 23/14 | | 15/0 | | 24/3 | | 6/0 |
| 搭乗率（%） | | 86.9 | | 85.5 | | 86.8 | | 77.8 |
| 国内線イールド | 7.8 | 7.8 | 6.7 | 7.4 | 7.7 | 7.9 | 6.4 | 7.9 |

出典：国土交通省，航空経営研究所資料をもとに筆者作成.

国際レジャー路線に力点を置く戦略で，2015年度に初めて黒字化を果たした．その後国際線の競争激化で2016年度は辛うじて営業利益を計上し2017年度は当期利益も確保した．ピーチと同様女性客が5割以上を占めている．現在15機を運航しており，国際線では香港，高雄，台北，セブ，ホーチミン（後日撤退）に就航，2017年度は266万人を輸送した．

ANAは2019年度末までにピーチがバニラエアを吸収する形で合併させる．2020年にはLCCとして中距離国際線に進出し，アジアのリーディングLCCを目指す．現在両社合わせて38機を運航中だが，2020年には50機以上とし，国内・国際線合計で50路線以上を運航する計画で，ANAはこれを見据えて737MAX-8を30機（うち確定発注は20機），A320neoを18機発注した．

ジェットスター・ジャパンはJALとQantasの合弁会社であるが，当初関西空港への基地展開が遅れるなど事業計画の見通しの誤算から巨額の赤字を余儀なくされた．しかし2015年度からにようやく黒字に転じ経営状況が改善している．現在24機運航中で2017年度は540万人を輸送しており，国内最大のLCCである．2020年までに3機を追加する計画を発表している．国内線の充実でより多くのビジネス旅客を取り込む戦略で，現在同社の旅客の約2割がビジネス旅客である．国際線は香港，上海，マニラ，台北に就航している．

成田を基地とする春秋航空日本のパートナーには旅行会社のJTB系が含まれ，航空会社はいない．機材数（現在6機），路線数とも最も少ないが，日中航空協定の制限により中国の親会社春秋航空が得られない日中路線権益を担う形で重慶，武漢，天津およびハルピンに就航し中国路線の比重を高めている．中国線ではビジネス客

の利用も多い模様だ．ただし黒字化には時間がかかりそうな経営状況である．

　楽天グループが日本側の新たなパートナーである新生エアアジア・ジャパンは計画から 2 年遅れで中部空港への参入を果たした．2017年10月29日から中部＝新千歳間に就航を開始しており，2019年2 月からは中部＝台北線に就航した．

　以上見てきたように日本の LCC の特徴のひとつはエアアジアのような独立系のパワフルな LCC が存在しないことである．また国内線最大の羽田空港の昼間時間帯に参入できないという制約もあり，これらが LCC シェア拡大のひとつの大きなネックとなっている．

　ANA 系の LCC の傾向としては，コスト高になり様々な制約がある国内路線から，訪日旅客急増で活性化している国際線にリソースをシフトし，多くの外国人旅行者の取り込みを狙っている．ピーチとバニラエアの合併もその戦略の一環である．また，国内線については ANA 本体と競合しない路線への参入を促している．

　ジェットスター・ジャパンは国際線よりも国内ネットワークの充実を優先する戦略で，ビジネス旅客の取り込みにも注力する．JAL も長距離線 LCC 子会社 Zip Air を2020年前半までに就航する．

## (3)　外国主要 LCC および日本就航外国 LCC
### ——アジアからの中距離線も——

　表 3 - 5 に外国主要 LCC，日本乗り入れ外国 LCC を示す．主要LCC は世界のトップクラスの航空会社として君臨しておりかつ依然成長を続けている．欧州では Ryanair が 1 億3000万人，easyJet も9000万人弱を輸送，アジアでは AirAsia グループが7000万人，

Lion Air グループが5000万人を輸送している．機材発注残も100機強から400機強で，この数からも今後も成長を続けることが期待できる．

　日本乗り入れ外国 LCC は2007年に Jetstar が関西空港に就航したのが最初である．その後2010年のオープンスカイ推進政策および2013年3月からの成田空港へのオープンスカイ適用により，日本乗り入れ外国 LCC が急増した．

　最も多いのが韓国の6社で歴史も古く，輸送実績や機材数をトータルすると日本の LCC の倍以上の規模である．その多くは日本を標的市場にしており，現在日本＝韓国市場の供給座席数の60％が LCC だ．

　中国の春秋航空は日本市場の開拓に特に意欲的ですでに日本の十数路線に就航しており，今後も積極的に増やしていく戦略だ．子会社の春秋航空日本も春秋本体を肩代わりする形で複数の中国線を運航している．

　フィリピンからは Cebu Pacific，台湾からは Tigerair Taiwan，香港からは HK Express などが日本路線に就航している．

　長距離線 LCC が東南アジアや豪州から多数就航している．前述のように2007年に就航した Jetstar が最も歴史が古く，また AirAsia X は2010年に羽田＝クアラルンプール路線に就航して大いに注目を浴びた．Thai AirAsia X は成田＝バンコク線に就航している．AirAsia X はまた以遠権を利用して関西空港からホノルル線にも就航を開始した．その他 Scoot が長距離のシンガポール＝札幌線に参入したが，以遠権利用で参入した関西＝ホノルル線はその後運航中止となった．新しいところでは Thai Lion が成田，関西，中部に参入している．

表 3 – 5　主要 LCC，日本就航 LCC

| | 会社名 | 2017年度 旅客数(百万人) | 2018年12月 機材数 | 2018年12月 機材発注残 | 創立 or 就航年 | | 特記事項 |
|---|---|---|---|---|---|---|---|
| 主要 LCC | Ryanair (欧) | 130 | 450 | 135 | 1985 | 独立系 | 1991年に LCC モデルに変更　世界初 |
| | easyJet (欧) | 88.5 | 316 | 124 | 1995 | 独立系 | ネットでチケット販売開始。世界初 |
| | AirAsia Grp (アジア) | 70 | 約250 | 450 | 2001 | 独立系 | 2003年にアジア初の国際線就航 |
| | Lion Air Grp (アジア) | 50.8 | 232 | 444 | 2000 | 独立系 | 多機種保有　最近 LCC と認知 |
| 日本 就航 LCC | Jetstar Grp (豪) | 24.8 | 71 | 99 | 2003 | Qantas 航空子会社 | |
| | Jetstar Asia (アジア) | 4.3 | 18 | 0 | 2003 | Qantas 航空子会社 | |
| | AirAsia X Grp (アジア) | 7.8 | 35 | 75 | 2007 | AirAsia 姉妹会社　A330 運航 | |
| | Thai AirAsia X (アジア) | ? | 10 | 0 | 2014 | AirAsia X 子会社　A330 運航 | |
| | Scoot (アジア) | 7.9 | 46 | 41 | 2012 | Singapore 航空子会社 Tigerair を吸収 | |
| | VietJet (アジア) | 17.1 | 63 | 216 | 2011 | 独立系 | |
| | Tigerair Taiwan (台湾) | 2.2 | 11 | 0 | 2014 | 中華航空が Singapore 航空から買収 | |
| | Cebu Pacific (アジア) | 16.7 | 50 | 40 | 1991 | 独立系 LCC モデル変更は2000年代中頃 | |
| | Thai Lion (アジア) | 8.0 (推定) | 34 | 0 | 2013 | Lion Air のタイ合弁会社 | |
| | 春秋航空 (中国) | 17.2 | 81 | 60 | 2005 | 独立系　中国 LCC 第一号 | |
| | HK Express (香港) | 3.8 | 24 | 6 | 2013 | 独立系　2013年に LCC モデルに変更 | |
| | Jeju Air (韓国) | 10.4 | 30 | 41 | 2006 | 独立系 | |
| | Eastar (韓国) | 4.9 | 19 | 0 | 2007 | 独立系 | |
| | Jin Air (韓国) | 8.7 | 27 | 0 | 2013 | Korean Air 子会社　777×4 機　長距離運航 | |
| | Air Busan (韓国) | 6.1 | 25 | 0 | 2007 | Asiana 子会社 | |
| | Air Seoul (韓国) | 1.7 (2018) | 7 | 0 | 2016 | Asiana 子会社 | |
| | T' Way (韓国) | 6.2 | 23 | 0 | 2011 | 独立系 | |

出典：CAPA データ、韓国国土交通省データおよび各社ホームページなどから筆者作成.

## 4 日本の航空会社

### (1) JAL と ANA の比較
—— JAL 経営破綻を境に ANA が規模逆転——

日本ではいわゆる45・47体制により国際線は一元的に JAL のみの運航が許可されていたが，1985年に45・47体制が廃止されたことにより，ANA は1986年から国際線定期便に参入を開始した．

国内線については JAL とジャパンエアシステム（JAS）が経営統合する前の旅客シェアは，ANA が約5割，JAL と JAS がそれぞれ約4分の1であったが，経営統合により5分5分のシェアとなった．

JAL の経営破綻以前は，大規模な国際線収入がある JAL が ANA に比較して圧倒的な収入規模を誇っていたが，経営破綻後は国内線・国際線ともに大幅に路線リストラをし，完全に規模が逆転してしまった．**表3-6**は JAL の破綻前の2006年度および破綻後の2017年度の事業規模の比較である．

2006年度は JAL が ANA に対して営業収益で1.5倍，国際旅客収入で2.6倍，貨物郵便で2.3倍，国内旅客は0.9倍であった．また旅客数では国際線で3倍，国内線で0.9倍であった．2017年度では完全に形勢が逆転し，営業収入で0.7倍，国内旅客で0.8倍，国際旅客で0.8倍，貨物郵便は0.6倍となった．また旅客数では国際線で0.9倍，国内線で0.8倍であった．

ANA の国内，国際路線の拡大は羽田の発着枠の新規配分で，JAL よりもかなり多い配分を認められたことが大きく影響している．貨物事業については，JAL が不採算であった747貨物機を全て

表3-6　JAL/ANA 比較（2006 vs. 2017年度）

| | | 2006年度 | | | 2017年度 | | |
|---|---|---|---|---|---|---|---|
| | | JAL | ANA | JAL÷ANA | JAL | ANA | JAL÷ANA |
| 営業収益 | （億円） | 23,019 | 14,897 | 155% | 13,833 | 19,718 | 70% |
| うち国内旅客 | （億円） | 6,757 | 7,261 | 93% | 5,182 | 6,898 | 75% |
| 国際旅客 | （億円） | 7,249 | 2,785 | 260% | 4,629 | 5,974 | 77% |
| 貨物郵便 | （億円） | 2,395 | 1,051 | 228% | 921 | 1,580 | 58% |
| 営業利益 | （億円） | 229 | 922 | | 1,746 | 1,645 | |
| 営業利益率 | （%） | 1.0 | 6.2 | 差▲5.0pts | 12.6 | 8.3 | 差+4.3pts |
| 当期利益 | （億円） | −163 | 327 | | 1,410 | 1,456 | |
| 当期利益率 | （%） | −0.7 | 2.2 | 差▲2.9pts | 10.2 | 7.4 | 差+2.8pts |
| 国内線旅客数 | （万人） | 4,398 | 4,647 | 95% | 3,403 | 4,415 | 77% |
| （搭乗率） | （%） | 64.0 | 65.0 | 差▲1.0pts | 71.8 | 68.9 | 差+2.9pts |
| 国際線旅客数 | （万人） | 1,347 | 455 | 296% | 859 | 975 | 88% |
| （搭乗率） | （%） | 71.1 | 75.7 | 差▲4.6pts | 81.0 | 76.3 | 差+4.7pts |

出典：航空経営研究所資料.

　廃止したのと逆に，ANA は767貨物専用機を導入し，沖縄を基地として貨物ビジネスを積極的に取り込んだことで貨物収入が増えた．

　JAL は路線拡大には慎重であり（新規の発着枠が少ないこともある），2017年度の搭乗率が国内線で71.8%，国際線で81.0％と，路線を拡大している ANA に比較してそれぞれ2.9pts，4.7pts 高い．規模よりも質を重視する戦略が奏功している．また JAL は2017年度の営業利益率が12.6％，当期利益率10.2％で ANA よりもそれぞれ2.8pts，4.7pts 高い．

　両社とも国内線でイールドの高い羽田空港で高いシェアを確保していることや，訪日外国人増などで業績はここ数年継続して上向い

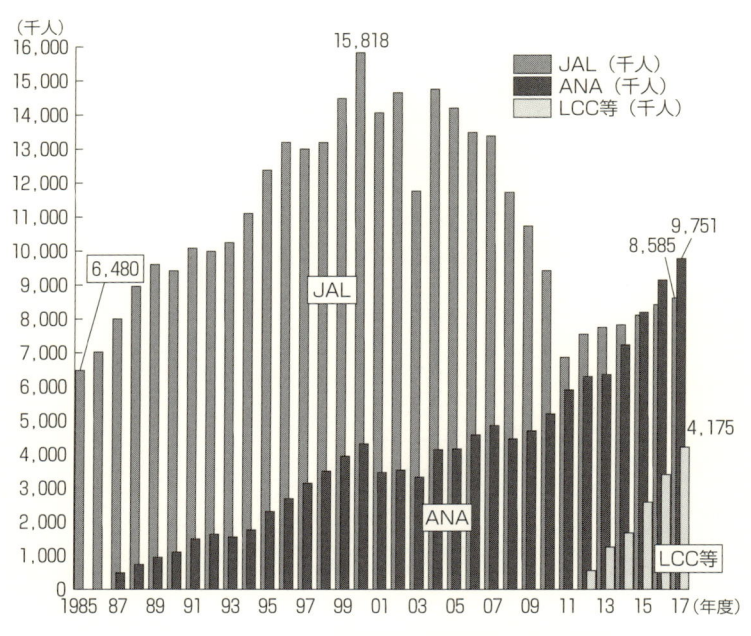

**図 3-11　日本の航空会社の国際線輸送実績推移**

出典：航空経営研究所データ.

ている.

　図 3-11に日本の航空会社の国際線輸送実績の推移を示す. JAL
は国際線 1 社体制であった1985年に648万人を輸送した. 2000年の
1581万人をピークに漸減し, 破綻後は700万人を割り込んだ. その
後漸増で2017年度は858万人となった.

　ANA は国際線参入後徐々に増大, 2000年には400万人を超えた
(JAL の 3 割弱). その後400万人台で推移したが, JAL 経営破綻時期
を境に多くの羽田発着枠も得て, 規模を急速に拡大した. 2017年度
は975万人と1000万人の大台が見えてきた.

　2012年以降参入を開始したLCCは規模を拡大し，2017年度には400万人を超え，シェアも2割に近付いた．

## (2)　日本の中堅航空会社の状況
　── ANA傘下で生き延びる，遅い規模拡大──

　日本の中堅4社の経営情報を**表3-7**に示す．2016，2017年度の営業収入を見てみると収入が11.6％増と大幅に伸びているのがスカイマークであり，スターフライヤーが9％，ソラシドエアが3％と続き，唯一−3％の収入減となっているのがAirDoである．

　全社とも黒字経営だが，営業利益率が一番低いのはAirDoで5

表3-7　日本の中堅航空会社の経営状況

| 会社名 | スカイマーク | | AirDo | | ソラシドエア | | スターフライヤー | |
|---|---|---|---|---|---|---|---|---|
| 年度 | 2016 | 2017 | 2016 | 2017 | 2016 | 2017 | 2016 | 2017 |
| 営業収入(億円) | 755 | 828 | 490 | 474 | 381 | 393 | 348 | 380 |
| 営業費用(億円) | 688 | 756 | 471 | 449 | 342 | 355 | 318 | 352 |
| 営業損益(億円) | 67 | 71 | 19 | 25 | 39 | 38 | 30 | 28 |
| 営業利益率(%) | 9 | 9 | 4 | 5 | 10 | 10 | 9 | 7 |
| 経常損益(億円) | 75 | 77 | 11 | 19 | 34 | 36 | 29 | 27 |
| 当期損益(億円) | 67 | 70 | 6 | 11 | 23 | 24 | 19 | 18 |
| 旅客数(万人) | 673 | 722 | 208 | 216 | 175 | 189 | 142 | 155 |
| 機材数/発注残 | | 27/3 | | 13/0 | | 13/0 | | 12/0 |
| 搭乗率(%) | 84.3 | 84.4 | 69.7 | 72.0 | 65.9 | 68.9 | 73.7 | 75.5 |
| 国内線イールド(円) | 10.0 | 10.5 | 15.1 | 14.8 | 13.5 | 13.3 | 17.0 | 17.0 |
| ANAからの収入の割合(%) | — | — | 38.4 | 34.8 | 33.5 | 31.1 | 32.2 | 31.6 |
| ANAの持ち株率(%) | 16.5 | | 13.61 | | 17.03 | | 17.96 | |

出典：国土交通省，航空経営研究所データから筆者作成．

％程度であるが，他社は７％から10％の範囲で落ち着いている．このように全社とも２年連続黒字というのはマーケットがまずまず活性化している証拠でもあるが，羽田空港という大変便利な空港を基地としている恩恵にあずかっているといえよう．後述のようにANAとのコードシェアでも安定的収入確保という面で大きなメリットを享受している．

　４社は一様にANAから10％台の出資を受けていることがわかる．経営破綻（スターフライヤーを除く３社）または業績悪化（スターフライヤー）時にANAの出資を仰いだ経緯がある．スカイマークを除く３社はANAとのコードシェアで自社席の最大４割程度（推定）を買い取って貰っており，安定的収入を得ていることも業績安定に結びついている．

　旅客数はスカイマークが圧倒的な１位で771万人を輸送したが，他社は200万人前後であり，全体的に小規模で成長もスローペースであり，今後も同様のペースで進む予測である．これは機材発注にも現れており，スカイマークが３機発注しているのみである．

　搭乗率についてはスカイマークが圧倒的な１位であり2016年度に84.0％，2017年度に84.4％であった．スターフライヤーが２番手で70％台の中盤，他２社は70％前後と日本の平均的な水準である．

　イールドは多様化している．スカイマークは10円台で最も安く，一方スターフライヤーは17円で，大手も含めて国内線で最も高い．他２社はその中間である．搭乗率とイールドをあわせて考えてみると，スカイマークはかなりLCCに近く，スターフライヤーは完全なFSCであることがわかる．他２社はその中間である．

　スターフライヤーは2018年度JCSI（日本版顧客満足度指数）調査で国内航空顧客満足度10年トップとなり，中堅ながらもその存在感を

アピールしている．2018年末には台北線に就航を開始しており，今後はインバウンドも視野に入れながら国際線にも進出する計画である．

　スカイマークも2019年中にサイパンに国際線を開始する準備を着々とすすめている．ANA から提案されているコードシェアについては現状でも自社の搭乗率が十分高く，独立した運営が望ましいという理由で断っている．

## ▶企業研究　スカイマークの航跡 （表3-8参照）
### ──経営破綻から優良企業に再生──

① 　創設から今日まで

　スカイマークは1996年に創設され国内規制緩和の象徴的な存在として1998年に35年ぶりに新規参入が許可された航空会社であった．第3極の航空会社として期待されたが当初選択した中型機の767-300ER という機材が大きすぎて黒字化できなかった．その後新社長の体制下で小型の737-800に切り替えかつ主要路線に絞ったことで黒字化を果たし，一時 JAL/ANA を脅かす存在にまでなった．ただし地方路線の展開でつまずき，そしてコストの高い中型機のA330-300を再度国内線に導入したこと，および国際線就航を見据えて高額な A380 の購入契約をしたことが致命傷となり経営破綻に追い込まれた．そして最終的に出資を仰いだインテグラル社およびANA の傘下の航空会社としてスタートを切った．

　新生スカイマークは再度機材を737-800に統一し，路線も4大航空路線を中心に再編を図ったこと，つまり過去の成功パターンに戻したことで素早く黒字化を果たし，定時運航率でも国内トップとなり見事復活を果たした．このようにスカイマークは特に新規航空会

## 表 3-8　スカイマークの航跡

| 区分 | 主なトピックス |
|---|---|
| 草創期<br>1996-2003<br>澤田体制 | 規制緩和第一号の航空会社として1996年 HIS 澤田社長らによってスカイマーク・エアラインが設立された．1998年９月に羽田＝福岡線，同12月に羽田＝札幌線に参入．将来の国際線参入を長期目標としており，機材として中型の767ERを選定した．しかし767ERでは近距離線で低コストを実現するのは無理で，市場不適合であった．<br>2003年10月期までは赤字が続き，赤字が積み上がった． |
| 西久保体制<br>第一期<br>（前半）<br>2003.10<br>-2006.3 | 2003年10月に西久保愼一氏が増資の３分の２（30億円）を引き受け，その後も HIS の株式を買い増し，47%の筆頭株主に．HIS は連結対象からはずれ，決算期を10月から３月に変更．目標を「既成概念を覆して，競争力のある会社へと変更．機材を737-800へ切替え決定．増収施策継続（羽田夜間発着枠活用，国際チャーター便増強，貨物郵便収入拡大）．<br>2004.3　営業利益14億円（17億円改善），初黒字計上．<br>2005.3　決算は同0.9億円<br>2006.3　営業損失▲19億円，再び赤字転落（燃油価格上昇，地方路線不振）<br>737-800　２機導入，徐々に効果を上げている． |
| 西久保体制<br>第一期<br>（後半）<br>2006.4<br>-2011.3 | 2007.3　営業損失拡大▲52億円　しかし新戦略が始動開始（①機材戦略⇒737，②路線戦略⇒地方路線休止，主要４路線に集中，③運賃戦略⇒普通運賃を安く設定<br>2008.3　営業利益32億円　４大路線特化，価格戦略で搭乗率63%⇒77%<br>2009.3　営業損失▲25億円，再び赤字転落　機材小型化で減収▲75億円<br>　　　　地方路線搭乗率低下，燃油価格上昇　機材の入れ替え進む<br>2010.3　営業利益31億円　737-800全機入れ替え完了<br>　　　　搭乗率79%（主要４路線は80%台）　収入単価▲５%，燃油コスト▲31%<br>2011.3　営業利益112億円　新戦略効果頂点に　ただし地方路線が全体の39%に<br>　　　　搭乗率82%（主要４路線90%，地方路線60%） |
| 西久保体制<br>第二期<br>2011.4<br>-2014.3 | 戦略の転換　・急速な規模拡大・大型機２機種導入・プレミアム需要・長距離国際線<br>2012.3　営業利益153億円　過去最高　機数18⇒26機　地方路線拡大（全席数の58%）<br>2012.6　「サービスコンセプト」発表　低運賃なのでサービスに期待しないよう注意喚起<br>2013.3　営業利益47億円　搭乗率69%<br>2014.3　営業損失▲25億円　搭乗率69%<br>　　　　地方路線（成田，関空など）の座席シェアが60%以上，搭乗率60%<br>　　　　成田，関空で LCC にせり負け　新型機導入によるコスト増 |
| 経営破綻と<br>ANA 出資<br>・新経営陣 | 2015.3　営業損失▲170億円　737×27機　A330-300×６機<br>　　　　大型化による搭乗率低下　66%<br>2016.3　営業利益15億円　737×26機　小型機のみとなり　搭乗率上昇　76%<br>2017.3　営業利益67億円　737×26機　搭乗率84%<br>2018.3　営業利益71億円　737×26機　搭乗率84%　定時運航率国内１位 |

出典：航空経営研究所資料．

社にとっていかに機材戦略が重要かということを如実に示したケースとしても注目される.

② 　創 　業 　期

　スカイマーク・エアライン（後にスカイマークに社名変更）は35年ぶりの規制緩和第一号の航空会社として1998年 9 月に就航した. 初代社長は㈱エイチ・アイ・エス社長の澤田秀雄氏で, 国内第 3 位の航空会社になること, および長距離国際線への進出を目標としており, 機材はこの目標を念頭に767-300ER を選定した. しかしこの機材は日本の国内線においてはミスマッチとなり利益を上げるまでには至らず, 運航開始から2003年10月期までは赤字が続き, 上場したマザーズでの上場廃止寸前まで累積赤字が膨れ上がった. 機材コストや地上業務委託費が高かったことや, 大手よりやや割安な運賃を提供するにとどまり, 大幅な需要喚起ができなかったことが敗因であった.

③ 　西久保体制第一期（前半）

　2003年10月に増資の 3 分の 2 （30億円）を引き受けて経営に参加し, 翌年 1 月に社長に就任した西久保愼一氏は, 矢継ぎ早に経営改善策を実施した. 国内第 3 位という目標を捨て, まず競争力を高めて利益を出す戦略に切り替えた. そのために運航路線に適合した高品質で低コストの機材として737-800新造機を選定した. また増収策として羽田の深夜枠の活用や国際線チャーター便を増強した. この戦略が奏功して2004年10月期に初めての黒字（営業利益14億円）を計上した. 2005年 3 月期（ 5 カ月決算）も同じ基調でかろうじて営業利益を計上した. しかし新たに就航した路線（羽田＝関西）では

JALとコードシェアしたものの業績の足を引っ張り，全体の搭乗率は60％を切った．

　2006年3月期には営業損失−19億円となり再び赤字に転落した．原油価格高騰と地方路線の不振（搭乗率58％）が主な原因であった．この年初めて737-800が導入され西久保戦略が徐々に効果を上げていくことになる．

#### ④　西久保体制第一期（後半）

　2007年3月期は営業損失が−52億円と大幅な赤字となったが，これをボトムとして経営が急速に上向いてゆく．機材戦略では737-800への入れ替えが進みだし（期末4機），路線戦略では地方路線を休止し需要の太い4路線に集中した．また運賃戦略では普通運賃を格段に安くするなど，柔軟で徹底した低価格戦略がスタートした．

　2008年3月期は32億円の営業利益を計上，対前年で＋84億円の改善となった．4大路線への特化と低価格戦略で平均搭乗率は前年の63％から当年の77％と飛躍的に増大した．機材の入れ替えが進み始めたことで運航コストも低下し始めた．

　2009年3月期は−25億円の営業損失となった．機材小型化の影響で収入が減少したこと，前年度に発生した安全問題（整備期限を超過しての運航）の影響，地方路線の搭乗率の低下，および燃油価格の高騰などが原因であった．搭乗率は75％と前年度から2 pts低下した．ただし業績悪化の原因は構造的なものではなく一時的なものが多かった．737-800への機材の入れ替えが進み，767は2機を残すのみとなった．燃料消費効率の向上，空港使用料や機材コストの低下も進んだ．

　2010年3月期は31億円の営業利益を計上した．小型化で座席数が

減少したことで減収となったが，収益性は大幅に改善され，黒字を回復した．737-800への入れ替えが完了し，コスト削減効果が顕在化し，また搭乗率は79％となり前年対比＋4 ptsの改善となった．

2011年3月期は112億円の営業利益を計上した．新戦略の効果は最高潮に達し，搭乗率，利益率も過去最高になった．機材が12機から18機，有効座席キロは1.32倍，収入は1.28倍，搭乗率は前年比＋3 pts増の82％となった．ただし地方路線の供給座席数は前年の3.5倍（全体の39％）となり，搭乗率は主要4路線の90％に比較して60％と低調で，収支悪化要素の芽生えとも言うべき状況が発生していた．

#### ⑤　西久保体制第2期戦略

第一期戦略とは方向性が異なる施策が次々と採用されるようになった．具体的には　① 積極的かつ急速な規模拡大，② 2種の大型機の並行的導入，③ プレミアム需要の重視，④ 長距離国際線への（いきなりの）進出である．これが数年後のスカイマークの運命を決めることとなった．

2012年3月期は過去最高となる153億円の営業利益を計上した．機材が18機から26機と急増した．有効座席キロは前年対比1.42倍，旅客収入は同1.38倍となった．ただし地方路線は4大路線を上回り，全体の58％となった．羽田発着枠が自由に取れないことから規模拡大するには地方路線に展開する以外に選択の余地はなかったのである．搭乗率は主要4路線の90％に比較して66％と少し上昇したが，全体の搭乗率は対前年比2.5pts低下した．

**表3-9**に2012年3月期から2014年3月期までの営業損益，搭乗率および地方路線の割合の状況を示す．特に地方路線の供給シェア

表 3 - 9　スカイマーク経営状況 (2012〜2014年度)

| | 2012年 3 月期 | 2013年 3 月期 | 2014年 3 月期 |
|---|---|---|---|
| 営業損益 | 153億円 | 47億円 | ▲25億円 |
| 搭乗率 | 79% | 69% | 69% |
| （ 4 大路線） | （90%） | （84%） | （81%） |
| （地方路線） | （66%） | （59%） | （60%） |
| 地方路線供給座席数割合 | 58% | 65% | 62% |

出典：航空経営研究所データ.

拡大が足を引っ張っている状況が読み取れる.

　スカイマークは成田空港および関西空港を羽田以外の拠点とする戦略で，特に成田空港は国際線進出も視野に入れていたこともあり構成割合を高めていた中，伏兵とも言える後発の LCC に市場競争で負け，搭乗率が50％台と大変低迷したことが大きな誤算でもあった.

　絶頂期から少し過ぎた2012年 6 月に「サービス・コンセプト」を発表し，「低運賃であるのでサービスに期待しないように」との趣旨のメッセージを発表し（機内でもパンフレット配布）物議をかもし出し，後日改訂版を出すことを余儀なくされたというエピソードがある.

#### ⑥　経営破綻後，再び大空に羽ばたくスカイマーク

　事業の下降トレンドを巻き返すことはもはや無理という状況となり，スカイマークは JAL などどの提携関係構築で生き残りを図ろうとしたが実現せず，最終的に2015年 1 月に経営破綻となった．投資ファンドのインテグラル（50.1%），ANA ホールディングス（16.5%）などが出資し2015年 9 月に新体制に移行した．会長はインテグラルの代表佐山展生氏が会長，社長は日本政策投資銀行で AirDo

など航空会社の再建を担った市江正彦氏が就いた．以降機材の737
への再統一，路線の大幅見直しなどの事業再編に加えて，社員のモ
ラル向上施策などを積極的に推進してきた．

　その後，新経営陣のもとで再び快進撃が始まった．2016年 3 月期
に営業利益15億円を計上し黒字転換，2017年 3 月期および2018年 3
月期にそれぞれ営業利益67億円，71億円を計上し復活を確かなもの
とした．また機材が737に統一されたことによりこの 3 カ年で搭乗
率も76.4％，84.2％，84.4％と大幅に改善した．輸送旅客数は2018
年 3 月期で722万人となり，国内航空市場の約 7 ％を占めるまでに
なった．運賃水準（イールド）も他の中堅航空会社と比較して 2 割
〜 3 割安く，低運賃戦略を貫いている．また2017年度の定時運航率
が国内線でトップとなり，質的にも優良エアラインとして蘇った．
今後も国内第 3 極の自由で独自性のある航空会社として成長するこ
とが期待される．停滞気味の日本の国内航空の活性化に貢献するこ
とは間違いないだろう．まずは一刻も早く ANA 傘下からの脱却が
望まれるところである．

## 5　日本の国際航空政策について

### (1)　国際航空政策の推移
#### ——自由化の遅れが致命的に——

　先進諸外国に比較して日本の国際航空の自由化の遅れが大変際立
っているが，ここでその理由について考察したい．欧米では戦前か
ら民間航空会社による国際線の定期便が多数運航しており，また二
度の大戦を契機に空の主権などの様々な空のルールについても多国
間で活発な議論が行われていた．一方日本では戦前は国際線がほと

んど軍事と一体化しており，多国間で民間航空のルールを話し合った欧米とはまったく事情が異なっていた．

　戦争終結直前の1944年11月 1 日に連合国を主体とする世界の52カ国がシカゴに集まり，戦後の国際航空サービスの枠組みについて 1 カ月以上協議を重ねた後にシカゴ条約が草案された．しかしながら日本は戦争の影響でこの会議に招かれておらず，世界の国際航空の舞台から完全に取り残されてしまった．さらに日本は敗戦後 7 年間にわたる航空禁止令で航空に係る活動が一切禁止されたことで，さらに長期間にわたり航空の国際舞台から隔離されてしまったのである．

　日本が国際線の舞台に姿を現すのは1952年に米国と締結した二国間航空協定に基づいて1954年に日本として始めて国際線に乗り入れた時である．つまり戦前も含めて日本は欧米に何十年も遅れて欧米型の国際航空という世界にやっとたどり着いたのである．言い換えればその時点からすでにガラパゴス状態になっていたということである．その後の日本の国際航空政策の推移や国際航空市場での惨敗の状況を見ると，結局世界との国際航空への認識のギャップが埋まらず，ガラパゴス状態が後々まで大きな影響を及ぼしていると見受けられる．

　日本の国際航空の主な歴史について見て行くこととしたい．1952年に発効したサンフランシスコ講和条約により日本の主権が回復し，米国と日本初となる二国間航空協定を締結した．米国の航空会社はすでに 2 社日本に乗入れていたが日本では国内線がやっと始まるか否かのときで国際線を運航する航空会社はなかった．この日米原始航空協定では日本からの以遠権を無制限に米国に与えているが，日本の航空会社にその十分な能力がない状態ではごく自然に決められた内容であり，日本が経済発展するある段階までは米国航空会社が

日本とアジア間の輸送を担う重要なインフラであったことは間違いないだろう.

　ただし日本の経済発展につれて日本が国際線でも需要創出国となり, 多くの日本人が外国に行くようになったとき, この無制限の以遠権が国際線を運航する日本の航空会社にとって大変邪魔な存在になり始めた. 本来日本の航空会社が輸送すべき貨客を米国航空会社に取られていると理解されうる状況である. 日本政府は多くの日米航空交渉を重ねてこの不平等条約の是正にまさに全力を尽くした形で1998年1月にようやく形式上の不平等条約の是正にこぎつけた.

　これによって旅客輸送の以遠権には第3, 第4の輸送量を上回らないことという条件がつけられた. また ANA と日本貨物航空が正式に航空協定の中で参入航空会社として認められた. ただし ANA は1985年の45・47体制廃止に伴い1986年から実質的には米国に乗入れており1998年からの大きな変化はなかった. またもともと日本が使える以遠権は少なく, 米国経由で南米までという路線で使用されたに過ぎず, 政府として多大なエネルギーを費やして是正した割に実効性は乏しかったといえよう. 日本の航空会社の国際線輸送実績は2001年までは増加したものの, 2002年以降はほぼ減少の一途をたどり, 太平洋線の輸送量も大きく減少して行った.

　実は国際航空政策で日本政府が看過していた大きな世界的な動きがあった. それは1994年11月23日に開催された ICAO 第4回航空運送会議で提案された国際航空の自由化の動きであった. 世界はこの提案の後急速に自由化に向かって動き出し, 例えば欧州を含む多数の国々が米国とのオープンスカイ協定に合意し始めたのである.

　一方そのような動きに認識が追いついていない日本は自由化反対を唱えつつ先進国で唯一孤立していた [向山 1996]. 1997年に開催

されたフェニックス国際航空シンポジウムでも日本の航空局次長がオープンスカイに対する反対を声高に唱えている［向山 1998］.

同様に OECD（経済協力開発機構）が1997年に発表した「国際航空輸送についての OECD プロジェクト」の「イントロダクション：総括と政策提言」に対して，日本政府は国際航空自由化に対して書面で正式に「反対」を表明している［OECD 編 2000］.

これらの孤立的な航空政策の背景として，航空協定で米国に痛い目にあった記憶が強烈で，米国主導のオープンスカイを毛嫌いしたという側面もあるが，しかしそれよりも前述のようにシカゴ会議不参加とその後に続く7年間の航空禁止令によってもたらされた「国際航空ガラパゴス」という側面のほうが強いように思われる．事実国土交通省（旧運輸省）の中で「オープンスカイ」という言葉は長年禁句であったということもこのような状況を物語るのではないだろうか．その結果国の政策として世界的な国際航空自由化の動きにどのように対処して行くかという本格的な議論がなされないままに時間だけが無為に過ぎ去ってしまった（この間国土交通省や検討委員会などの本件に関する報告書が見当たらない）.

ようやく2007年の安倍政権で出された「アジア・ゲートウェイ構想」の中で「アジア・オープンスカイ」が優先トップの項目として掲げられ，日本政府として正式に国際航空の自由化に舵を切り直したが，ここに来ても当初国土交通省は「オープンスカイ」という言葉（施策）を入れることに強く抵抗したのである［伊藤・下井 2007］.このように世界の流れから10年以上も遅れた国際航空自由化への対応が致命的となり，前述のように国際航空における市場競争に負けて日本の国際航空がフリーフォール状態となった.

日本は2009年に米国とオープンスカイで合意し（98番目，発効は

2010年)，以降現在まで33の国・地域とオープンスカイ協定を締結している．ただし成田空港は以遠権を認めず，また羽田空港はオープンスカイから除外しており，日本の国際航空市場の 6 割に制約がかかっている状況である．

　監督官庁は国内では強力な権限を持ち，発着枠の配分などで市場や航空会社をコントロールでき，常に支配者（勝者）の立場を維持可能であるが，国際航空市場は外国との競争があり，勝ち負けがはっきり出る世界である．また歴史が厳然たる真実を証明するので，言い訳ができない．この観点からすれば日本は国際市場では紛れもなく敗者以外の何者でもないだろう．今後日本としてなすべき重要なことは，過去の失敗から謙虚に学び，それを今後の航空政策に生かすことではないだろうか．

　また国家としての国際航空への認識欠如の弊害については国際空港の立地の選択にも現れている．国内線と国際線の乗り継ぎを考慮に入れないまま，国際線だけを羽田から移すという考えで成田という土地に国際線専用の空港を建設する決定をしてしまった．成田空港の立地の悪さが大きな障害となり，これに国際航空自由化への対応の遅れが重なったことがその後の日本の国際航空を低迷させた決定的な原因となっていることは間違いなく，近隣諸国が勢い良く成長する中でその遅れを取り戻すこともなかなか難しい状況となっている．

　航空政策と空港政策が航空会社にどのような影響を及ぼすのかについて，日本と韓国の航空会社の国際線輸送実績を比較して見ると一目瞭然である．**図 3 - 12**に日韓大手 FSC の1980年からの国際線輸送旅客数の推移を示す．1980年から2000年までは JAL が圧倒的な 1 位であり，この間 Korean Air は JAL の半分から 3 分の 2 程度の水準で推移していた．1986年から国際線に進出し始めた ANA

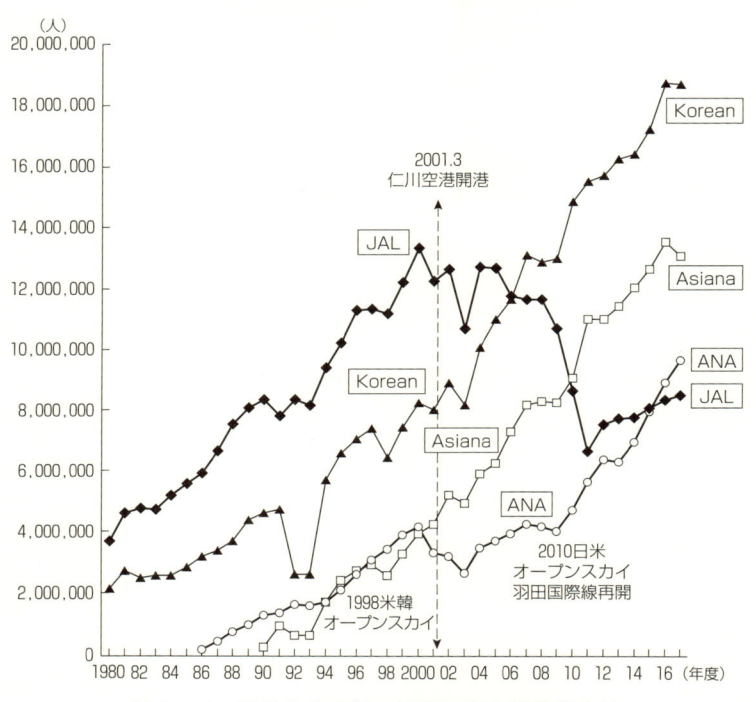

**図3-12　日韓航空会社の国際線旅客数輸送実績**

出典：CAPA，IATA WATS および航空統計要覧をもとに筆者作成.

および1990年から国際線に進出し始めた Asiana はまだまだ低い水準であった．ところが2001年3月にソウル仁川空港がオープンしてから様相は一変する．日本の航空会社の伸びは止まり，特に JAL はその後2000年の実績に戻ることがなく大きく衰退してしまった様子がわかる．ANA も2000年の実績を超したのは羽田空港が国際線を再開した2010年である．

　その間韓国の2社の輸送量は順調に伸びており，2017年度実績では ANA の960万人と JAL の846万人を足しても Korean の1866万

人に届かない．昔 IATA で国際線輸送実績ナンバー 1 になった JAL は，1990年に初めて国際線に進出した Asiana（1308万人）にもはるかに及ばない現状である．

　通常その国の国際線の輸送量は GDP に比例するとされる．日本の GDP は韓国の 3 倍強である．これを考慮すると日本の航空会社は単純に韓国の 3 倍程度の輸送量になっていても不思議ではない．

　韓国は地理的に日本の近傍に位置しており，空港というハードとオープンスカイというソフトの両面で韓国側がこのような時代に即応した戦略を立てたが故に，国際航空の世界においては本来ならば日本の航空会社が輸送すべきトラフィックを韓国の航空会社が取り込むことができたのである．グラフから見ても明らかに仁川空港がオープンして以来日本の航空会社は多大な影響を受けていることは間違いなく，日本国として経済的な損失となっている．

## (2)　日本における空の重要性
### ──経済発展のための主要なインフラ──

　まず地理的に見ると日本は海に囲まれた島国であり，諸外国との人々の往来や貿易は航空か海運に頼るしかないという事実がある．航空と海運はそれぞれの特徴に応じて役割を分担しており，航空は便利な海越えや長距離旅行の移動手段として人々に活用されており，観光や人的交流の重要なインフラである．特に日本においては大陸に位置する国よりも航空の重要性が格段に高いことは論を俟たない．また急速に少子高齢化と人口減少に向かって突き進むわが国にとって，国家経済の維持・発展のためにも欠かせないインフラとなっている．特に LCC は地方経済活性化の起爆剤とも見られている．

　わが国の航空輸送産業は他の主要産業（自動車，流通など）に比較

してその規模ははるかに小さい．たとえば収入規模で見ると大手，中堅，LCC トータルで 3 兆7000億円程度であるが，1 社で30兆円近くのトヨタ自動車の 8 分の 1 である．しかしその規模に比べて航空輸送産業は日本にとってはるかに重要な存在である［伊藤・下井 2007］.

　市場のニーズに応じて柔軟に対応可能でかつ効率的な航空ネットワークの重要性はますます大きくなってくることは間違いない．一例を挙げれば，日本のオープンスカイ政策により LCC を主体とするアジアの航空各社が大規模空港だけでなく地方空港にも直接乗り入れることが可能となった．このおかげで訪日外国人が急増（2018年に3119万人）しており，その消費額が2018年で4.4兆円となり，伸び悩む日本の経済に大きく貢献している．ちなみに政府は2020年度の消費額の目標を 8 兆円，同2030年度は15兆円としている．

　観光以外でも貿易や投資など国境を越えた活動を支える重要な基盤になることはもちろん，経済集積の形成や地域経済の活力の確保という意味でもより効率的な「空のネットワーク」を確保することが需要な課題となっている［伊藤・下井 2007］.

　オープンスカイはもちろん島国だけではなくどの国にとっても同様に重要である．理由は国際航空輸送では国際間のし烈な競争が存在し，近傍の国が第三国とオープンスカイを開始すれば自国の需要が簡単に奪われてしまうからである．国益を守るためどの国でも競争力のある空港の建設や航空の自由化を推進しつつ，同時にそれを経済発展へと結びつけているのである．

　航空政策と空港政策は車の両輪であり，ともに回転していかなければ直進できないのである．わが国にとって重要な産業である航空だが，目覚ましい経済発展を続けて来たわが国の空の玄関口の成田空港（1978年開港）は当初滑走路 1 本のみでしかも門限（23時から 6 時ま

で発着禁止）があり，この結果多くの需要を取り漏らしていた．2002年にようやく2本目の滑走路がオープンしたが，門限はそのままであった．このような空港の物理的な制約によって発生した機会費用は大変大きく，また日本の航空会社の成長機会も奪ったといえる．

　もし30年前の首都圏に複数の滑走路を保有する24時間使用可能な空港が建設されていたら，日本の空の絵姿は現在と全く違っていたものになっていたのではないだろうか．現在の中東ドバイ空港のように，利便性の高いアジアのゲートウェイ空港として大きく成長し，日本の航空会社も今の何倍かに成長する機会があったと考えるのも決して荒唐無稽ではないだろう．結果論で言うのは易しいかもしれないが，その後の低迷状況を見るにつけ，絶好の機会を取り逃がしたことが悔やまれてならない．

## （3）　日本の空が再び羽ばたくためには
### ──「できない論理」を排除──

### （i）　さらなる LCC の推進と国際市場の自由化

　前述のように LCC 参入とオープンスカイに訪日外国人急増が相まってこれまでにない賑わいを見せている日本の空であるが，よく見てみると10年前のピーク時の水準に戻っただけの国内市場，急増している国際市場でも2000年の水準にまだ到達していない日本の航空会社の輸送実績，同様にオープンスカイとなった成田空港も以前の水準に達していないという事実を見て驚いた向きも多いかもしれない．換言すれば日本の長きにわたる「長期的ビジョンを伴った航空政策」不在のツケがそれほど大きかったとも言えよう．かつては国土交通省内で「オープンスカイ」という言葉は絶対発してはいけない禁句であったというエピソードがこのことを雄弁に物語るだろ

う．鳴り物入りで導入したLCCターミナルは現在世界では廃止の方向にあり，これも日本の航空・空港政策が周回遅れになっていることを物語るものだ．

それでは今後日本の空が再び大きく羽ばたくためには政策や航空会社の戦略においてどのような対応が重要となるのかについて考察してみたい．

世界の市場においてすでに見てきたように，LCCを最大限活用することがひとつの重要な手段であることは間違いないだろう．JAL/ANA本体は引き続き高いサービス品質や高い定時性を強みとするブランド航空会社として生き残る戦略を中心に据えてゆくと考えられ，急増するより大衆的な新規需要に対応することは難しいと考えられるからだ．

それではLCCのさらなる発展のための条件とは何だろうか．**表3-10**に示すように，まず日本のLCCの採るべき戦略としては，国際線において訪日外国人急増という追い風をしっかりと取り込むことが重要である．アジアの旅行ブームは始まったばかりであり，また政府が4000万人という目標を掲げていることで当面政策的支援も期待できる．国内線では羽田空港への参入が望まれるが，政策的なハードルが待ち受けている．

FSCとの差別化を図る戦略もあり得よう．サービスはよいが料金も高いというのがFSCだが，LCCが知恵を働かせて「安かろう，良かろう」という戦略をとることができれば，かつてのSouthwest航空のようにFSCから旅客を奪うこともできるのである．日本人の「おもてなし」精神が武器にもなりうる．

航空券以外の付帯収入を積極的に増やすことで，より多くの収入を得て安定的経営を確保すること，より安価な航空券を提供するこ

表3‐10　日本の空のさらなる発展のための戦略，課題

| LCCのチャンス | 具体的戦略 |
|---|---|
| インバウンドの追い風 | 国際線への積極進出（訪日外国人4000万人） |
| FSCとの差別化 | 「安かろう，良かろう」戦略 |
| より安い運賃の提供 | 付帯収入増（総収入の20%） |
| 中・長距離線への進出 | FSC需要の摘み取り（例：成田＝ホノルル線参入） |
| 地方間路線への進出 | 地方自治体からの財政支援取り付け |

| 問題点・課題 | 解決案 |
|---|---|
| 独立系LCCの不在 | 強力な独立系LCCの出現（外国人CEO？） |
| 新規航空会社成長への高いハードル　①パイロット不足，②高コスト構造 | ①パイロット養成拡大，規制緩和，外国人乗員活用　②公租公課，空港コスト低減，LCC交渉力強化（団体交渉） |
| 制限的なオープンスカイ | 成田以遠権開放　羽田オープンスカイ |
| 国内線での遅いLCC普及度（大胆な政策が必要） | ①成田問題の解消（カーフュー緩和，混雑緩和，空港使用料金低減）　②羽田空港のLCCへの開放 |

出典：筆者作成.

　とが可能となる．欧米の主要LCCでは付帯収入が全体収入の20%以上という航空会社が多くあり，40%以上というケースもある．

　第4章に述べるように中・長距離線への参入もポテンシャルがある．すでにアジアではJetstarやAirAsia Xのような実績があり，欧州でも独立系のLCCとFSCの中・長距離線LCC子会社の戦いが活発化する様相を呈している．成功モデルが見えてくれば参入も相次ぐ可能性がある．

　地方自治体や地方空港から資金補助を受け，ある程度経営が成り立つと判断されれば，これまでLCCがあまり参入していないローカル路線への参入も考えられる．

　政策面ではオープンスカイの改善が必要であろう．成田が以遠権

行使を認めておらず，そして混雑空港の羽田空港はオープンスカイから完全に除外されている．つまり日本の国際航空市場の6割を占める部分の自由化が不完全な状況にある．このようないわゆる「逆張り政策」がわが国の国際航空市場の健全な発展の妨げになってきたことは見てきたとおりである．前述のように成田空港は2013年3月からオープンスカイとしたが，それほど旅客数が伸びておらず，ライバルの仁川空港（ソウル）と桃園空港（台北）に大きく水をあけられている．抜本的な対策が必要であり，例えば2020年までに発着枠が4万回増えるタイミングが以遠権を開放するチャンスではないだろうか．

ちなみに通常のフル・オープンスカイになっている関西空港ではAirAsia X が以遠権を行使してホノルル線を東南アジアから就航させて人気を集めている．ハワイ線は古くから JAL がかなりの投資をしている日本人に最も人気のある市場のひとつであり，またANA も A380 の投入を開始した重要市場である．成田空港に LCCが自由に参入してみすみすハワイ線の旅客を奪われることに対しJAL・ANA には大きな抵抗があることも理解できるが，もはやそのような保護主義的な政策は似合わない時代にとっくに突入している．

羽田空港も2020年までに3.9万回の増枠が計画されており，そのタイミングでオープンスカイにすることが望ましいと考えられる．しかし現実的にオープンスカイが難しいとなればどのような次善の策が考えられるだろうか．思い切った LCC 推進策として，定期的な発着枠配分見直しで現在 LCC の運航が許可されていない昼間時間帯（6時から23時）に LCC 専用の国内線および国際線の特別発着枠を設けて品質の良い LCC に与えてはどうだろうか．過去に国内

線で新規航空会社に対して実施した実績があり，現在第2回目の再配分を実施しつつあるが，これを LCC に拡大するアイデアである．これは決して荒唐無稽な話ではなく，また LCC も新規参入社であり差別される理由もない．特に国内線は大胆な政策を進めない限りより一層の成長は望み薄である．

### (ii)　種々のハードル

　前述のように日本には AirAsia のような独立系のパワフルな LCC が存在せず，これが LCC シェア拡大の大きなネックのひとつとなっている．ANA/JAL 系 LCC 3社は親会社に対して果敢に挑戦する場面も少ないため，親会社へのインパクトも他国ほど発生していない．成長が頭打ちになりそうな国内航空市場を活性化するためには今後起業家精神旺盛でチャレンジ精神を持った強いリーダーに率いられる独立系の LCC の出現が必須である．ここは日本市場に再参入した AirAsia Japan に期待を寄せたい．

　パイロット不足は大変深刻な問題になる様相を呈している．すでに国内の航空会社がパイロット不足で便をキャンセルする例が多発しており，今後日本の空の規模拡大に対する最も大きなボトルネックになる可能性が高い．特に LCC は60歳を越す高齢パイロットが主体のため，後継者の確保が急務となっている．このままいけば日本では年間70名程度のパイロット不足になると予測されており，航空会社，大学などでのより多くのパイロット養成が急がれる．

　政策的なハードルとしてはパイロットの資格取得に関する諸規則が国際標準よりも厳しく設定されていることがあげられる．航空技術も高度化しパイロットに求められるスキル・技術も変化しており，古い諸規則や過剰規制の見直しが急務となっている．規制緩和の例

として，外国人パイロットの在留資格要件がこれまでの飛行経験1000時間以上から250時間に引き下げられたことは前進である．ただし一時と違ってわざわざ日本に来てくれる外国人はそれほど多くないというのが現状だ．

　日本では公租公課（着陸料，航行援助施設使用料，航空燃料税）が大変高く，国内線の運航コストの20％近くにも達し，LCCではそれ以上の負担になる．米国では公租公課が2％程度，世界平均では7％程度である．諸外国では公租公課を航空会社ではなく旅客がその大半を支払うスキームになっているが，日本は航空会社から徴収している．日本でも外国のスキームの導入が検討の途についたところであるが，進展が大変遅くまだ実現には至っていない．すでにLCC誘致のため地方空港に参入する内外航空会社には着陸料減免などの措置が決定されたことは朗報である．一方で成田空港や関西空港では新規参入や増便に対して期限付きのインセンティブを提供しているが，やはり大規模空港での公租公課の恒久的な減免が必要である．

　LCC3社の基地となっている成田空港にはカーヒューがあり，23時から6時まで航空機の離発着ができず（2019年の冬季スケジュールから24時まで離発着可能），このためLCCは航空機の稼働時間を高めることができない．また混雑のために折り返し時間が長くかかり，その後の連続的遅延につながる．これらのことが特にLCCビジネスモデルのパワーを最大限発揮することを妨げ，コスト高の要因にもなっている．もちろんオープンスカイ効果もフルに発揮できていない．地元住民の理解が必要となるが，カーヒュー時間の短縮，撤廃が強く望まれる．

## （4）　航空政策取り組み体制の格上げの必要性

　日本における航空の重要性は述べてきたとおりであるが，種々見てきたように日本の航空政策が他国に比べてグローバルな視点や機敏性に欠け，さらに政策の内容への踏み込みやその結果についての総括も足りないように感じる．いくつか例を挙げる．例えば国内航空規制緩和の後，新規航空会社が経営不振となって軒なみ ANA の傘下に入り，現在は座席の一部を ANA に買い上げて貰っているため，運賃は格安とはいえない水準である．その結果羽田空港の発着枠を間接的に追加で確保している ANA が最大の受益者になっており，他方で，新規参入によって期待された割安な運賃を享受できない消費者が最大の犠牲者となっている．この状況は当初国内航空規制緩和で目指したものと全く異なる姿になっているはずだが，この状況を変えようとする政策がまったく聞こえてこない．

　LCC のシェアの目標について，2012年に閣議決定された日本再生戦略の中の観光立国推進戦略で2020年までに国内および国際ともに欧米並みの20％から30％とする目標が掲げられていたものの，2015年の国土交通省の交通政策基本計画では国内線14％，国際線17％と下方修正されており，閣議決定との整合性や乖離の理由について何の説明もなされていない．LCC の実際のシェアは2018年で国際線は26％程度であり，すでに目標を上回っており，的外れな目標の下方修正であったことがわかる．また国内線は2015年の10％をピークにその後も10％程度で低迷しており上昇の気配がない．新規航空会社 6 社と LCC 3 社を動員してやっと旅客数が10年前の水準に戻ったという国内航空であり，LCC のシェアが上がらないと需要が伸びないことは目に見えているものの，目標を達成するための具体的な施策について全く聞こえてこない．

　2020年までに3.9万回増加する予定の羽田発着枠に関して，2019年1月から羽田発着枠配分基準検討小委員会が月1回ペースで開催されているが，新規参入社であるLCCが参加メンバーに入っていない．この委員会ではもっぱら既存社への配分という議論に終始しており，14％という政府目標についても強く言及されていないようで，違和感を感じざるを得ない．政策の一貫性，継続性への追求が感じられないゆえんである．

　オープンスカイ以前の二国間航空協定でも，安い運賃を日本から締め出すために日本は2007年まで世界で最も古めかしい協定に固執していた．二国間の国際航空運賃については，①二重承認主義（両国が承認しなければ発効しない），②二重不承認主義（どちらか一方が承認すれば発効する），③オープンスカイ（基本的に航空会社が自由に設定）の3通りがあるが，世界が③，または少なくても②を選択していた時代に，日本は2007年まで①の二重承認主義に固執していたのである．これにより日本は外国航空会社にIATA運賃の3割を下回る安価な運賃を認めず，したがってそれまで日本に外国のLCCが参入できなかったのである．

　これによって日本市場の運賃は他市場に比較して高いものとなり，結果的に外国人の訪日を抑制していたことにもつながる．また日本の消費者（個人旅行者）も外国に比較して高い運賃を支払わされてきた犠牲者である．このような旧式の二国間協定への固執やオープンスカイの遅れが日本国にとって大きな経済的損失となったことは事実であるが，そのようなことに対する総括もあまりなされていないのではないだろうか．

　わが国にとっての航空の重要性を考えると，幅広く国益を考えながら正しい航空政策を立案し実行できる，より格上げした総合的な

組織・体制の構築が強く望まれる状況である．しかしこれまでの実績からすると，現在の国土交通省の組織・体制では全く不十分で，国益についての認識や長期ビジョンの立案，遂行などに力不足を感じざるを得ない．航空は国内経済の幅広い分野にわたって様々な効果を生み出すインフラであり，省庁を超えた組織・体制で臨む必要があろう．そして常に PDCA のサイクルで政策実行後に必ずその総括をし，目標と乖離があれば必要なアクションを迅速に起こす組織にしなければ世界の競争には到底勝てないのではないことは見てきた通りである．

## 6　チャンスを「生む・生かす」
### 一貫性のある航空政策が最重要

　今まさにアジアの大交流時代が始まったばかりであり，その中で航空の果たす役割は大変大きく，かつ最も重要なインフラとなる．オープンスカイという自由な枠組みの中で，LCC がこの大交流時代を発展させる重要なインフラとして旅行者に活用され続けるだろう．もちろん従来から活躍している FSC も重要であることは論を待たないが，これまで見てきたように，大衆化して急速に増大する航空需要に対しては LCC に頼るしかない．

　特に人口減少と GDP 伸び悩みに悩む日本にとって訪日外国人増によるインバウンドツーリズムの興隆は日本経済活性化の一政策としてますます重要になる．政府の目標である「2020年訪日外国人4000万人」の達成のためにもオープンスカイと LCC は重要な役割を果たすことは間違いなく，同様に日本の地方の活性化にも大いに寄与することも間違いない．事実欧州では Ryanair が就航し，年間何百万人もの旅行者が訪れるようになった古い町が，旅行者の落

とすお金で経済が活性化するとともに雇用者も増え，居住者が増え たことで完全に蘇った例がある．このように LCC が世界でもたら している社会的・経済的な波及効果を考えると，日本でも「たかが LCC」などと言っている時代ではなくなってきている．

2010年以降日本としては画期的な様々な航空・空港政策が実施さ れ，訪日外国人急増などで活気付いている日本の空であるが，前述 のように実はよく見るとこれまでの失地が回復できておらず，いま だ世界の成長から取り残されている面もある．また，せっかく打ち 出した新政策であるが，有効に発揮できていないか，またはすでに 政府の政策推進の機運が尻つぼみになっている面も見受けられる．

わが国は過去の航空政策および空港政策の失敗から真摯に教訓を 学び，それを今後の日本の空の発展のために生かしてゆくことが必 要である．一見好況を呈する日本の空の裏に隠された現実を正確に 把握し，長期的なビジョンをもって，第2弾，第3弾の大胆な政策 を矢継ぎ早に放たなければ到底世界に追いつかない．これまでのよ うなちまちました小手先だけの政策は不要である．世界の航空業 界・市場はめまぐるしく変化，成長しており，何もしないでいると また現在の政策が強力な「逆張り」の政策になることを肝に銘じる べきである．

もちろん，事業者である航空会社も，国のくびきから脱して積極 的に新たな市場に飛び込み，独自の活力ある経営戦略により新たな チャンスをものにする気概を持つことが必要とされることは言うま でもない．

ANA がピーチとバニラエアを合併し，50機規模の LCC として 東南アジア市場への参入も視野に入れている．また JAL も LCC 子 会社の ZIP Air を設立して，将来的には前人未到の日本から欧米

への長距離線市場に投入する計画である．このように両者とも将来の新戦略の柱の一つとして LCC 戦略を重要視していることから，次章では特に LCC にとってまだ未開拓の分野でもある長距離線 LCC について詳しく触れてみたい．

第4章

# 長距離線 LCC の現状と
# 成長への課題

## 1　は じ め に
### ——LCC の最終のターゲット市場，高い参入ハードル——

　世界の短距離線市場では LCC はすでに 4 割程度のシェアを有するまでに発展した．またすでに飛行時間が 4 時間から 6 時間程度の中距離線市場にも LCC が進出し FSC を脅かす存在になっている．このような LCC 進出の流れはさらに飛行時間が 6 時間以上の長距離線までに及びつつある．豪州ではすでに国際線市場の10％程度のシェアを長距離線 LCC が占めており，さらに北大西洋市場では豪州を追い抜きつつある．これに対抗して欧州の FSC が対抗手段として続々と LCC 子会社を中・長距離線に就航させている．このような流れを受けて日本でも JAL が長距離線 LCC 子会社を設立して欧米線などの長距離線市場に本格的に進出する計画だ．

　このようなタイミングを捉え，長距離線 LCC の現状を確認し，将来の成長のための課題について考察してみたい．

　なお，現在一般的には，長距離線 LCC は飛行距離が4500 km，飛行時間にして 7 時間程度というのが定義のようである．ここでは

便宜的に6時間以上の路線を長距離 LCC として取り扱うこととしたい.

## 2　長距離線 LCC のビジネスモデル
――短距離線より不利――

　従来から長距離線 LCC は成功するのが難しいとされていた. それは短距離線で有効な LCC ビジネスモデルの主要な要素が, 飛行距離が長くなるほど有効ではなくなるという理由からである. しかし最近現実に6時間以上の長距離線 LCC が少なからず出現しており, 技術革新なども伴って従来の説が当てはまらない状況も出ている.

　長距離線で効果が発揮できない LCC ビジネスモデルの諸要素について**表4-1**に示す. 長距離線になるほど旅客の快適性を確保する必要があり, 座席密度を稼げない. さらにギャレーなどの機内設備も充実させ, またプレミアムクラスの併設も必要となるなどでスペースをそちらに割かれるため, 座席数を減少せざるを得ない.

　LCC は短距離線で多くのフライトをこなし, 1日当たりの機材稼働時間を FSC よりも長くすることで収入機会を増やすビジネスモデルであるが, 長距離線になれば FSC も遜色のない稼働時間を稼ぐことができるため, この部分でも差別化ができない. さらに飛行時間が8～9時間以上になると機材を1機で回すことが難しくなり, 効率的な機材まわしがより困難になる.

　長距離線では多量の燃料を搭載する必要があり, 特にワイドボディ機を運航する長距離線 LCC にとっては高い燃料価格が逆風となる. 長距離線になれば運賃は距離に対して逓減せざるを得ないが, 一方人件費や燃料費など飛行時間に比例してかかるコストもあり,

表 4 - 1　LCC ビジネスモデル　短距離線 vs 長距離線

| 短距離線 LCC ビジネスモデル　主要要素 | | 長距離線で有効か？ |
|---|---|---|
| 1 | 短距離線主体 | —— |
| 2 | 機種の絞込み | △　ナロウボディ機へのシフト？ |
| 3 | 航空機の高い稼働率 | ×　FSC も高稼働であり，差別化できない |
| 4 | 2 地点間単純往復運航 | △　乗り継ぎサービスの必要性も |
| 5 | 多い座席数（高座席密度） | ×　快適性が重要となり座席高密度が難しい |
| 6 | サービスの絞込み・単純化 | ×　長時間のためサービス要<br>○　プレミアムクラス導入で高運賃収受 |
| 7 | サブ空港の利用（非混雑） | △　乗り継ぎ需要への対応⇒ハブ空港使用 |
| 8 | 機内サービスの廃止，簡素化，有料化 | ×　長時間のため多様なサービス要.<br>△　有料化で対応可？ |
| 9 | 自社ホームページでチケット直接販売 | ○ |
| 10 | 付帯サービス積極販売 | ○　長時間のため飲食や IFE で販売需要増 |
| 11 | 社員多機能化 | △　短距離・多頻度よりも効率低下 |
| 12 | 効率的な燃料消費 | ×　燃料を大量に消費　燃料価格の変動が<br>　　大きなリスクに |

出典：航空経営研究所資料を参考とし筆者作成.

プレミアム客が少なくかつもともと運賃が安い LCC では少しの燃料価格の上昇でも採算性が悪化する.

　短距離線と長距離線を併営する LCC でワイドボディ機も運航している場合は複数機種を保有することになり，乗員繰り，乗員・整備士訓練などでコストがかさむ. またワイドボディ機の運航機数がそれほど多くない場合には非効率な運用とならざるを得ない.

## 3　長距離線 LCC の歴史
――始まりは豪州国際線――

　現在運航している世界の長距離線 LCC ブランドとその運航開始時期・使用機材を表 4 - 2 に示す. 現在21ブランドが長距離線で

表4-2　長距離線LCCブランドの就航年次と使用ワイドボディ機種

| 航空会社名 | 国籍 | 親会社・関連会社 | 就航年 | 使用機材 |
|---|---|---|---|---|
| JetStar | オーストラリア | Qantas | 2006 | 787-8 |
| AirAsia X | マレーシア | AirAsia | 2007 | A330-300 |
| Scoot | シンガポール | Singapore Airlines | 2012 | 787-8/9 |
| Norwegian Air Shuttle | ノルウェイ | Norwegian | 2013 | 787-8 |
| Air Canada Rouge | カナダ | Air Canada | 2013 | 767-300ER |
| Cebu Pacific | フィリピン | Cebu Pacific | 2013 | A330-300 |
| Norwegian Air International | アイルランド | Norwegian | 2014 | 787-8/9 |
| Jin Air | 韓国 | Korean Air | 2014 | 777-200 |
| Azul | ブラジル | Azul | 2014 | A330-200 |
| Thai AirAsia X | タイ | AirAsia | 2014 | A330-300 |
| Indonesia AirAsia X | インドネシア | AirAsia | 2014 | A330-300 |
| NokScoot | タイ | Singapore Airlines | 2015 | 777-200 |
| Lion Air | インドネシア | Lion | 2015 | A330-300 |
| WestJet | カナダ | WestJet | 2015 | 767-300ER |
| Beijing Capital | 中国 | Hainan Airlines | 2015 | A330-200/300 |
| Eurowings | ドイツ | Lufthansa | 2015 | A330-200 |
| WOW Air | アイスランド | WOW | 2016 | A330-300 |
| French Bee | フランス | —— | 2016 | A330-300/A350-900 |
| Norwegian Air UK | イギリス | Norwegian | 2017 | 787-9 |
| Level | スペイン | IAG | 2017 | A330-200 |
| Thai Lion Air | タイ | Lion | 2017 | A330-300 |

出典：CAPA資料を参考とし筆者作成.

LCCの運航を行っている. ここ6年で19ブランドが参入した.

　本格的に長距離線LCC運航が開始されたのはまず豪州国際線市場であった. Qantas航空のLCC子会社で長距離線LCCのパイオニアであるJetstarが2006年に787-8で運航を開始, 同様にパイオニアであるマレーシアの独立系LCC AirAsia Xが2007年にA330-300機で運航を開始, そしてSingapore Airlinesの子会社Scootは遅れて2012年に777（後に787-8/9に変更）で参入した.

　この流れが欧州, 北米, 南米, 北東アジアにも伝播して行く.

2013年には Norwegian Air Shuttle が787-8で，Air Canada の子会社 Air Canada Rouge が767-300ER で，2014年には大韓航空の子会社 Jin Air が777-200で，ブラジルの独立系の Azul が A330-200で参入している．カナダの LCC WestJet は Air Canada Rouge に対抗して2015年に767-300ER で参入した．

　AirAsia X は合弁会社を設立してブランド拡大を図り，2014年に Thai AirAsia X と Indonesia AirAsia X を就航させた．Norwegian も2014年に Norwegian Air International を設立し787-8/9を，2017年に Norwegian Air UK を設立し787-9を就航させた．

　大西洋線での Norwegian の積極的な進出を脅威に感じ，Lufthansa 航空が2015年に子会社 Eurowings を A330-200で中・長距離線に投入，同様に IAG も2017年に LCC 子会社 Level を設立して A330-200の投入を開始した．（同年 Air France-KLM も Joon という子会社を設立して長距離線の運航を開始したが，その後2019年6月に運航を停止した）．

　この他の動きとして，フィリピンの Cebu Pacific が2013年に A330-300で，インドネシアの Lion Air が2015年に A330-300で参入，2017年には合弁会社 Thai Lion を就航させたことや，中国の海南航空の子会社 Beijing Capital 航空が2015年に A330-200/300で就航，アイスランドの独立系 LCC の WOW Air も2016年に A330-300で参入したことが挙げられる．

## 4　長距離線 LCC の市場・企業の現状
――北大西洋線で拡大，黒字化は難しい――

### (1)　長距離線 LCC 市場別シェア

　現在世界の国際線航市場における長距離線 LCC の座席シェアは
4％程度と推定され，まだまだ小規模といえる．前述のように豪州
国際線市場が最も歴史が長く，近年10％程度で安定的なシェアを維
持しており，今後も急速なシェア拡大は予想されていない．北大西
洋市場は長距離線 LCC シェアが拡大中であり現在 9 ％程度である
が2019年には10％を越し，豪州国際線市場を抜いてトップに躍り出
る可能性が高い．東南アジア＝欧州市場では 4 ％程度と見られるが，
遠距離のため今後の成長速度はそれほど速くないと予測されている．

### (2)　長距離線 LCC のワイドボディ使用機材数，短距離線「併営」，および FSC 傘下の状況

　長時間の飛行を行うことから，基本的にワイドボディ機が多用さ
れている．ただし後述のように北大西洋線などではより性能の良い
A321neo や 737MAX-8 などのナロウボディ機に置き換わる動きも
出ている点が注目される．

　表 4 - 3 に示すように AirAsia X グループが A330-300を30機運
航しており 1 位となっている．内訳はマレーシア22機，タイ 6 機，
インドネシア 2 機である． 2 位は Norwegian グループで787-8/9が
26機である．内訳は Air UK 13機，International 8機，Shuttle 5
機となっており，Air UK が半分を占めている．これに Air Cana-
da Rouge が25機（767-300ER），Scoot グループが20機（Scoot が787-
8/9×16，NokScoot が777-200×4），Jetstar が11機（787-8）と続く．

表 4 - 3　長距離線 LCC のワイドボディ使用機材数，短距離線併営，FSC 傘下の状況

| | 航空会社名 | グループ会社 | 機数 | 機種 | 短距離線併営 | FSC傘下 |
|---|---|---|---|---|---|---|
| 1 | AirAsia X Group | | 30 | | × | × |
| | | AirAsia X | 22 | 22×A330–300 | | |
| | | Thai AirAsia X | 6 | 6×A330–300 | | |
| | | Indonesia AirAsia X | 2 | 2×A330–300 | | |
| 2 | Norwegian Group | | 26 | | ○ | × |
| | | Norwegian Air UK | 13 | 13×787–9 | | |
| | | Norwegian Air International | 8 | 3×787–8，5×787–9 | | |
| | | Norwegian Air Shuttle | 5 | 5×787–8 | | |
| 3 | Air Canada Rouge | | 25 | 25×767–300ER | ○ | ○ |
| 4 | Scoot Group | | 20 | | ○ | ○ |
| | | Scoot | 16 | 10×787–8，6×787–9 | | |
| | | NokScoot | 4 | 4×777–200 | | |
| 5 | Jetstar | | 11 | 11×787–8 | ○ | ○ |
| 6 | Cebu Pacific | | 8 | 8×A330–300 | ○ | × |
| 7 | Beijing Capital | | 8 | 6×A330–200，2×A330–300 | ○ | ○ |
| 8 | Eurowings | | 7 | 7×A330–200 | ○ | ○ |
| 9 | Azul | | 7 | 7×A330–200 | ○ | × |
| 10 | WestJet | | 4 | 4×767–300ER | ○ | × |
| 11 | Jin Air | | 4 | 4×777–200 | ○ | ○ |
| 12 | Lion Air | | 3 | 3×A330–300 | ○ | × |
| 13 | WOW Air | | 3 | 3×A330–300 | ○ | × |
| 14 | Thai Lion Air | | 3 | 3×A330–300 | ○ | × |
| 15 | French Bee | | 2 | 1×A330–300，1×A350–900 | × | × |
| 16 | Level | | 2 | 2×A330–200 | × | ○ |

出典：CAPA 資料を参考とし筆者作成.

続いて Cebu Pacific が 8 機 (A330-300)，Beijing Capital が 8 機 (A330-200/300)，Eurowings が 7 機 (A330-200)，Azul が 7 機 (A330-200) となっている．4 機は WestJet (767-300ER)，Jin Air (777-200)，3 機は Lion Air (A330-300)，WOW Air (A330-300)，2 機は French Bee (A330-300, A350-900)，Level (A330-200) である．

これらの機材数を合計すると160機あまりで，現在の世界のワイドボディ機の総数約5000機の 3 ％強に過ぎず，まだまだ小さいシェアであることがわかる．

アジア・パシフィック市場の LCC が使用するワイドボディ機は現在90機強であるが，2019年までに100機，2030年までに200機になると予想されており，これらのうちの一部が長距離線に投入されることになる．AirAsia X は A330-900neo の発注数をオプションも含めて66機から100機に増やした．

これらの LCC ブランドのうち長距離線のみを運航している会社は AirAsia X，French Bee，Level と少なく，その他は短距離線との併営である．また FSC 傘下の長距離線 LCC は Air Canada Rouge，Scoot Group，Jetstar Group，Beijing Capital，Eurowings，Jin Air，Level である．


## (3) 豪州国際線市場
### ——長距離線 LCC 最大の市場——

豪州国際線市場は世界で最も早く長距離線 LCC が参入・成長した市場である．2006年に Jetstar がバリ，バンコク，ホノルル，ホーチミン，およびプーケットに就航を開始し，翌2007年には大阪に就航，同年 AirAsia X が豪州に乗り入れ計 7 路線になった．その後も AirAsia X などが積極的に豪州路線を拡大し，長距離線 LCC

## 表 4 - 4　豪州国際線長距離線 LCC

| ランク | 出発地 | 目的地 | 就航年 | 週間座席数 | 運航会社 | 飛行時間 |
|---|---|---|---|---|---|---|
| 1 | Melbourne | Kuala Lumpur | 2008 | 10,556 | AirAsia X | 7 時間50分 |
| 2 | Melbourne | Bali | 2006 | 9,380 | Jetstar | 5 時間50分 |
| 3 | Sydney | Kuala Lumpur | 2012 | 8,294 | AirAsia X | 8 時間35分 |
| 4 | Gold Coast | Kuala Lumpur | 2007 | 5,278 | AirAsia X | 8 時間25分 |
| 5 | Perth | Kuala Lumpur | 2008 | 5,278 | AirAsia X | 5 時間35分 |
| 6 | Sydney | Singapore | 2012 | 5,250 | Scoot | 8 時間00分 |
| 7 | Sydney | Bali | 2006 | 4,690 | Jetstar | 5 時間10分 |
| 8 | Brisbane | Bali | 2014 | 4,690 | Jetstar | 6 時間05分 |
| 9 | Gold Coast | 成田 | 2008 | 4,690 | Jetstar | 9 時間00分 |
| 10 | Melbourne | Singapore | 2010 | 4,670 | Jetstar, Scoot | 7 時間35分 |
| 11 | Sydney | Manila | 2014 | 4,360 | Cebu Pacific | 7 時間55分 |
| 12 | Sydney | Honolulu | 2006 | 4,020 | Jetstar | 9 時間15分 |
| 13 | Cairns | 成田 | 2008 | 4,020 | Jetstar | 7 時間30分 |
| 14 | Gold Coast | Singapore | 2012 | 3,330 | Scoot | 7 時間55分 |
| 15 | Cairns | 関西 | 2007 | 2,680 | Jetstar | 7 時間25分 |
| 16 | Melbourne | Phuket | 2006 | 2,680 | Jetstar | 8 時間50分 |
| 17 | Sydney | Ho Chi Minh | 2006 | 2,010 | Jetstar | 8 時間35分 |
| 18 | Melbourne | Honolulu | 2006 | 2,010 | Jetstar | 10時間25分 |
| 19 | Melbourne | Ho Chi Minh | 2017 | 2,010 | Jetstar | 8 時間20分 |
| 20 | Sydney | Phuket | 2006 | 2,010 | Jetstar | 9 時間00分 |
| 21 | Melbourne | Bangkok | 2006 | 2,010 | Jetstar | 9 時間10分 |
| 22 | Melbourne | Quindao | 2016 | 1,832 | Beijing Capital | 11時間35分 |
| 23 | Sydney | Quindao | 2017 | 1,832 | Beijing Capital | 12時間15分 |
| 24 | Melbourne | Zhengzhou | 2017 | 1,340 | Jetstar | 10時間30分 |

出典：CAPA 資料を参考とし筆者作成.

路線が急速に成長した．10年前は世界の国際線長距離 LCC 路線の50％が豪州発着であり圧倒的な1位であった．

　しかしその後2011年から Jetstar が長距離路線の拡大に消極的になったことや AirAsia X と Scoot が豪州線の拡大を中止したことなどで最近5年間ではほとんど成長がみられない．同市場における長距離線 LCC のシェアは依然10％程度であり世界トップであるが，後述のように長距離線 LCC が成長中の北大西洋市場が急追している．

　Qantas は国内線で成功した LCC 子会社 Jetstar を国際線に Jetstar International として就航，長距離路線にも展開し，路線拡大に成功した．またシンガポールにも Jetstar Asia を設立し中・長距離線に投入している．

　豪州発着では現在24の長距離 LCC 路線があり（表4-4参照），マレーシア，インドネシア，シンガポール，タイ，日本，中国，フィリピン，ベトナムなどがその目的地となっている．この市場の LCC 飛行時間の平均は7時間台とみられるが，5年程度安定的な状況が続いていることから判断すると，各社はこれらの路線を継続するに足りる収入を計上しているものと推定される．

## (4)　北大西洋市場
### ──急成長中の長距離線 LCC 市場──

　北大西洋は現在成長中の長距離線 LCC 市場であり注目市場となっている．図4-1に示すように5年前は1.2％，2016年には3.3％であった LCC 座席シェアが，2018年に対前年大幅増で座席シェアが5.2％から8.8％に達し，今後もさらに成長を続けると予測されている（ただし Wow Air の倒産が影を落としている）．

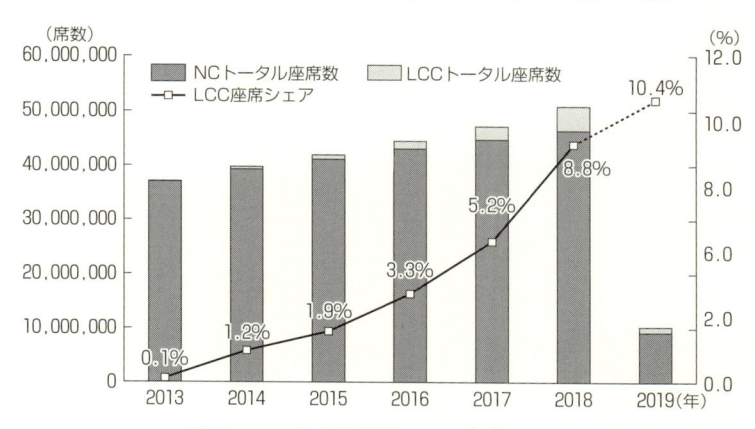

**図 4 - 1　北大西洋線 LCC 座席シェア**

出典：CAPA データから筆者作成.

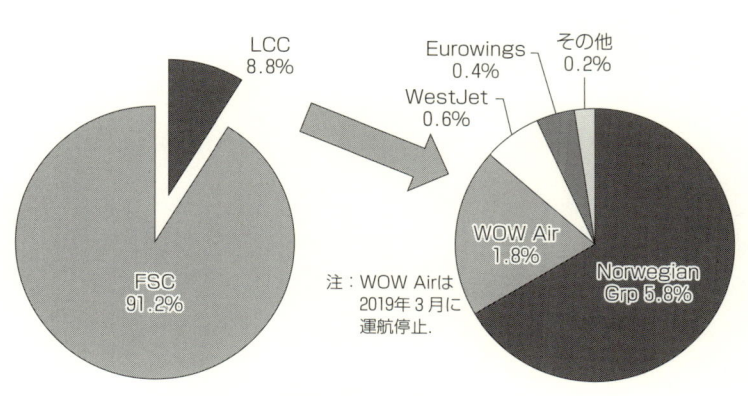

**図 4 - 2　北大西洋 LCC 座席シェア** (2018年)

出典：CAPA データから筆者作成.

　歴史的にみて北大西洋はLCCにとって参入が難しい市場であったが，航空技術の発展と規制緩和（EU＝米国オープンスカイ）によりLCCにとって追い風が吹いていると言えよう．

　この市場でのLCCの中心的存在は2013年から参入したNorwegianグループであり，供給座席数が2017年に比較して倍増したことから，2018年のこの市場における座席シェアは5.8％となった（図4-2参照）．次いでWOW Airが1.8％，WestJetが0.6％，Eurowingsが0.4％と続く．この市場には米国系LCCが就航しておらず，すべて欧州系ということも特徴である．

　現在この長距離線LCC市場で使用されるワイドボディ機は43機の787-8/9，A330-200/300などで，Norwegianのみが運航する787が最大の座席シェアであり2018年に5割を越している．

　ただし現在北大西洋の長距離LCC市場ではA321neoLRや737MAX-8などのナロウボディ機が導入されつつあり，その伸びがワイドボディ機数を上回っている．2018年には供給座席数の伸びがワイドボディ機の49％に対して，ナロウボディ機が89％となり，その結果現在LCCにおけるナロウボディ機の座席数シェアは37％にまで増加した．この機材小型化の傾向に拍車がかかっていることに大いに注目する必要がある．

　737MAX-8およびA321neoLRにおける燃費効率改善と性能向上により，ワイドボディ機では大きすぎる市場で新たな路線に就航することが可能となっている．すでにWOW AirがA321neoLRを，Norwegianが737MAX-8を運航しており，また，今後米国のJetBlueも発注済の60機のA321neoLRを使って北大西洋線市場に就航することを検討中と見られている．

　小型化についてはLCCだけではなく市場全体の傾向でもあり，

今後も LCC も含めより多くのナロウボディ機を使うことになるのは間違いない.

　前述のように欧州の FSC が対応策を余儀なくされている一方で, 対照的に欧州大手 LCC は自ら長距離線に就航する動きには出ておらず, これは自らが長距離線に進出するべき積極的なメリットを見い出せていなことが理由と思われる. 実は長距離線 LCC 参入を考える場合, これも大いに注目すべき点であろう.

　ただし何もしないというわけではなく, 欧州トップの LCC Ryanair はコードシェアでスペインの FSC Air Europe のチケット販売を開始し, 自社の旅客がマドリッドから北米・南米線の予約ができるようにした. 第 2 フェーズでは自社の旅客がこれらの路線で Air Europe に乗り継げるようにする計画である. 同第 2 位の easyJet も「Worldwide by easyJet」というプロジェクトを立ち上げ, 8 つの長距離線運航会社 (今後は FSC とも) および 9 つの空港と協力関係を開始し, 自社の旅客が長距離線に乗り継ぎやすいようにしている.


### (5)　アジア＝欧州市場
#### ——拡大はスローペースの予測？——

　アジア (中国, 東南アジア) ＝欧州間市場の長距離線 LCC シェアは 2 ％程度でまだかなり低いが, 将来 5 ％以上になる可能性もあるとされる. ただしその成長速度はそれほど速くないと予測されている. この市場では現在東南アジアと中国からの路線を合計して LCC 5 社が13路線に参入している (**表 4 - 5 参照**).

　まず東南アジア＝欧州間の長距離線 LCC についてみてみると, Norwegian が 4 路線・週 7 便と最大で, その後 Scoot の 2 路線・

## 表 4 – 5　アジア＝欧州市場超長距離線 LCC

### (1)　東南アジア＝欧州市場長距離線 LCC

| ランク | 出発空港 | 到着空港 | 週間座席数 | 週間便数 | 運航会社 | 機材 | 就航年 | 飛行時間 |
|---|---|---|---|---|---|---|---|---|
| 1 | Singapore Changi | London Gatwick | 2,712 | 4 | Norwegian | 787-9 | 2017 | 14時間00分 |
| 2 | Singapore Changi | Athens | 2,632 | 4 | Scoot | 787-8 | 2017 | 11時間10分 |
| 3 | Singapore Changi | Berlin Tegel | 2,632 | 4 | Scoot | 787-8 | 2018 | 12時間55分 |
| 4 | Bangkok Suvarnabhumi | Munich | 1,240 | 2 | Eurowings | A330-200 | 2018 | 12時間10分 |
| 5 | Bangkok Suvarnabhumi | Stockholm Arlanda | 676 | 1 | Norwegian | 787-9 | 2013 | 12時間00分 |
| 6 | Bangkok Suvarnabhumi | Cologne/Bonn | 620 | 1 | Eurowings | A330-200 | 2015 | 12時間30分 |
| 7 | Bangkok Suvarnabhumi | Copenhagen Kastrup | 582 | 1 | Norwegian | 787-8 | 2014 | 11時間40分 |
| 8 | Bangkok Suvarnabhumi | Oslo Gardermoen | 582 | 1 | Norwegian | 787-8 | 2013 | 11時間45分 |

### (2)　中国＝欧州市場長距離線 LCC

| ランク | 出発空港 | 到着空港 | 週間座席数 | 週間便数 | 運航会社 | 機材 | 就航年 | 飛行時間 |
|---|---|---|---|---|---|---|---|---|
| 1 | Kunming | Moscow Sheremetyevo | 1,752 | 3 | LuckyAir | A330-200 | 2017 | 8時間45分 |
| 2 | Beijing Capital | Lisbon | 1,346 | 3 | Beijing Capital | A330-200 | 2017 | 13時間00分 |
| 3 | Qingdao | Moscow Sheremetyevo | 916 | 2 | Beijing Capital | A330-200 | 2017 | 8時間40分 |
| 4 | Qingdao | London Heathrow | 916 | 2 | Beijing Capital | A330-200 | 2017 | 12時間30分 |
| 5 | Chengdu | Madrid | 888 | 2 | Beijing Capital | A330-200 | 2016 | 13時間10分 |

出典：CAPA 資料を参考とし筆者作成.

週 8 便，Eurowings の 2 路線・週 3 便と続く．この市場の LCC シェアは2018年に約 4 ％であり，前年の2.3％から増えている．2018年の会社別シェアは Norwegian が2.2％，Scoot が1.0％，Eurowings が0.7％である．

ただし Norwegian が2019年 1 月から世界最長の LCC 路線（14時間）であるシンガポール＝ロンドン・ガトウィック路線を廃止しており，長時間飛行にならざるを得ないこの路線のハンディキャップが露呈しつつある．

過去この市場ではパイオニアである AirAsia X が2012年にクアラルンプール＝ロンドン・ガトウィック，パリ・オルリー線に就航したが，燃油価格が高騰した時期と重なり，不採算のために撤退した経緯がある．その後 Norwegian がバンコク＝オスロ，ストックホルム路線を開始し，長距離線 LCC 路線の再開にこぎつけた．

ちなみに中国＝欧州市場では Beijing Capital が 3 路線・週 9 便，Lucky Air が 1 路線週 3 便のみで，就航年も2016年以降であり，この市場での LCC 進出は始まったばかりであるため未知数だが，大化けする可能性もある．

Thai AirAsia X は2019年に東欧路線（バンコク＝プラハ，モスクワが有力）に，Thai Lion は2020年に西欧路線（ロンドン，パリ，フランクフルトなどを検討中）に就航する可能性を見極め中とみられている．

AirAsia X はクアラルンプール＝西欧路線に再参入したい意向ではあるが，ロンドン線再開は機材繰りを理由に当初の計画より遅れる見込みとしている．AirAsia X は最近 A330-900neo の発注数を60機から100機（66機確定，34機オプション）に大幅に増やし，依然長距離線参入への積極的な姿勢を見せており，中国線などへの大量投入が予想される．

　ただしこの市場では Norwegian のように撤退する動きに加えて，ワンストップで格安の運賃を提供する中東の FSC の存在や，高騰を続ける燃料価格などの厳しい競争環境が待ち受けており，LCCの成長速度は相対的に遅いと予測されている．

## 5　長距離線 LCC 運航各社の経営状況
### ——黒字化への高いハードル——

　現在長距離線に就航している LCC 4 社について，各社の最近の経営状況，飛行時間の分布，平均飛行時間および業績などについて調べる．

### (1)　Norwegian グループ

　もともとは短距離線で就航開始しその後長距離線にも進出した LCC で，いわゆる短・長距離線「併営」であり，AirAsia X のような長距離線専用 LCC とは異なり，必要に応じて長距離線での赤字を短距離線の黒字で内部補助をすることができる事業形態といえる．図 4 - 3 に示すように 6 時間以上の飛行の割合が有効座席キロ（ASK）ベースで50％，平均飛行時間が 6 時間となっている．ただし10時間以上の飛行時間の割合が16.5％と他社に比較して突出して大きいことも特徴である．

　Norwegian Air Shuttle（1993年）はグループ会社を次々と設立し，Norwegian Air International （2013年）， Norwegian Air Norway（2013年），Norwegian Air UK（2016年）および Norwegian Air Argentine（2018年）の 5 ブランドとなっている．特に Norwegian Air UK は平均飛行時間 9 時間を越しており，長距離線に特化している部門である．

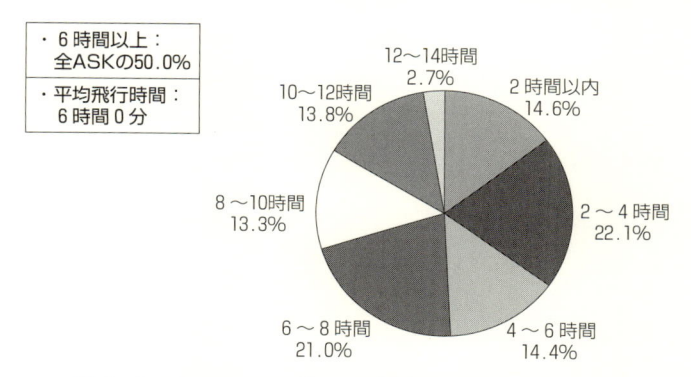

- 6 時間以上：
  全ASKの50.0%
- 平均飛行時間：
  6 時間 0 分

**図 4 - 3　Norwegian グループ飛行時間別 ASK シェア**
出典：CAPA データから筆者作成.

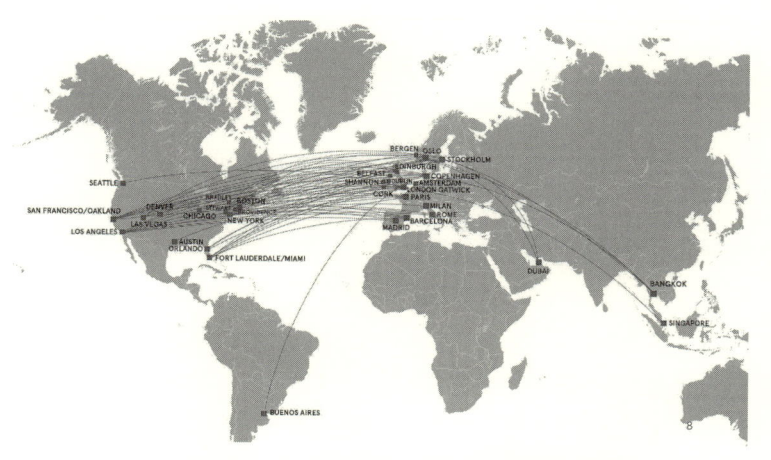

**図 4 - 4　Norwegian グループ長距離国際線路線**
出典：Norwegian Annual Report 2018.

表4-6　Norwegian グループ 機材計画

| 型式 | 運航中 | 確定発注 | オプション発注 |
|---|---|---|---|
| A320-200neo | 0 | 58 | 0 |
| A321-200neoLR | 0 | 30 | 0 |
| 737-300 | 0 | 0 | 0 |
| 737-8 | 12 | 98 | 0 |
| 737-800 | 115 | 0 | 0 |
| 787-8 | 7 | 0 | 0 |
| 787-9 | 20 | 9 | 22 |

出典：CAPA 資料を参考とし筆者作成.

　同グループは2013年から積極的に北大西洋線およびアジアに長距離線LCC運航を開始したことで大いに注目を集めることとなった. 図4-4に示すように長距離路線は北米のみならず, アジアおよび南米まで拡大している.

　Norwegian グループの現有機材および機材発注数を表4-6に示す. 同グループは長距離線用に787機を27機運航している. 787の確定発注残は9機であり, この数字から見るとそれ程長距離線LCC拡大に野心的には見えないかもしれないが, ナロウボディのA321-200neoLR を30機確定発注しており, 737MAX-8に加えてこれも長距離線用として使用する計画であり, 依然攻めの構えを貫いている.

　同社の業績については図4-5に示すように, 北大西洋での就航路線の大幅拡大と増燃油価格上昇が相まって2014年および2017年にそれぞれ営業利益率-7.2%, -6.5%という大幅な赤字を計上した. 2018年も燃油価格高騰と過度な供給拡大で経営不振が続き, 営業利益率が-9.8%と大幅に悪化した. この状況を見て一時IAGが買収の動きを見せたほどである.

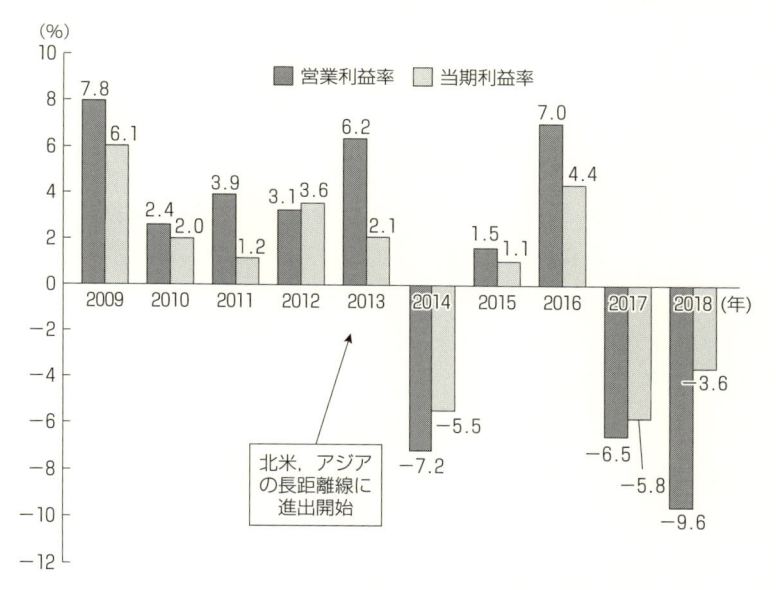

**図 4‑5　Norwegian グループ利益率**

出典：CAPA データから筆者作成.

　2018年は供給（有効座席キロ）が37％増となり，これは世界でもかなり突出した急速な事業拡大のペースである．ロードファクターは85.8％となり前年から1.7pts ダウンした．燃油費支出は71％増の125.6億ノルウェークローネ（NOK，1620億円）となり，ASK 当たり25％増となって業績悪化の大きな原因となった．

　Norwegian グループが最近 5 年間に 3 回大幅な営業赤字を計上したこと，およびここ数年世界の航空業界が全体として好調な業績を示している中で Norwegian だけが大幅な赤字を計上していることが同社の抱える大きな問題を示している．ただし燃油コスト上昇を除けば人件費（−10％）などのその他のコストは下がっており，LCC として十分低いコストストラクチャを維持している点は強み

である.

Norwegian は「Focus 2019」プログラムを策定し（すでに2018年10月から開始）, 2019年は Focus を成長から利益性にシフトし, 最低でも20億 NOK（260億円）のコスト削減を実現する計画である. 欧州内基地の縮小, バンコクなどの長距離線基地におけるパイロット配備の廃止, 供給抑制およびそれに伴う航空機の受け取り遅延および売却などである. 2019年の ASK 増は8％〜10％に抑制する. この他完全引受権（Fully Underwritten Right Issue）を発行して30億NOK の資金を調達する.

Norwegian は, 737MAX-8の運航停止にもかかわらず2019年第一四半期の収入が14％増, 利子・税引き前損失が34.5％減となり, 路線の見直しなどの改善策の効果が出ていることを評価しており, 今後の予約状況も良いことを明らかにした. ただし年間の赤字は避けられない見通しとしている.

Norwegian は現在北大西洋市場におけるゲーム・チェンジャーとなっているといえよう. 2008年に革期的な EU＝米国オープンスカイが発効し, 両地域の航空会社は自領域のどの地点からも相手領域に自由に乗り入れることができるようになった. しかし2008年から2012年までは自由化とは逆に北大西洋航空市場の輸送量は減少し続けた. 2013年に Norwegian が参入してから同市場が活性化し, 現在の輸送量は2012年の45％増と大幅に伸びている. しかも LCC よりも FSC の輸送量の方が大きく伸びているのである. これは Norwegian 効果と呼ぶべき現象かも知れない. ちなみに Norwegian は米国線就航の要求に対して米国 FSC の強い抵抗などがあり, 米国から許可を得るのに数年間待たざるを得なかった事実もあることから, Norwegian のこの市場に対する思い入れもひとしお強い

ものになっていると見られる.

## (2)　AirAsia X

AirAsia X は AirAsia の姉妹会社で，短距離専門の AirAsia と棲み分け，4時間以上の飛行を行う会社として2007年から就航を開始した．Norwegian と異なり短距離線事業を併営しておらず，内部補助などの支援は受けられない事業構造となっている.

合弁会社として Thai AirAsia X および Indonesia AirAsia X があり，それぞれ A330-300を22機，6機，2機，合計30機を運航しており，ワイドボディ機保有数は LCC で世界一である．前述のように A330-900neo の発注数をオプションを含め100機に増やし依然中国路線などへの長距離線参入への積極的な姿勢を維持している.

図4-6 の飛行時間の分布に示すように，6時間以上の飛行が全体の61.5%を占め，平均飛行時間は6時間31分で，全体として「長距離線型 LCC」といえる．短距離線がないことで Norwegian に比

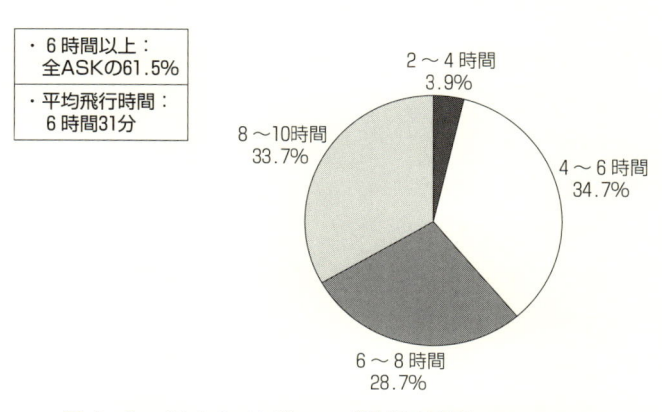

**図4-6　AirAsia X グループ飛行時間別 ASK シェア**

出典：CAPA データから筆者作成.

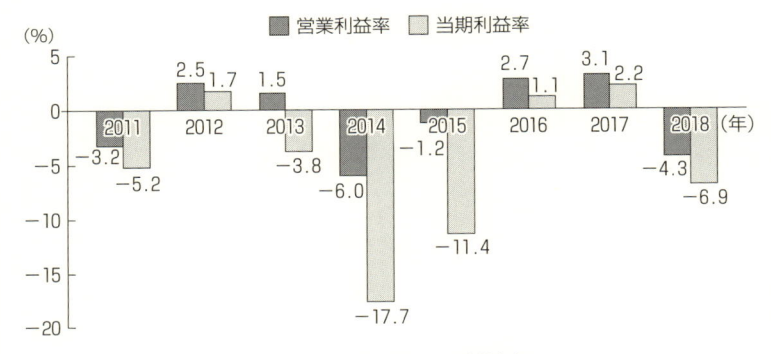

図4-7　AirAsia X 利益率

出典：CAPA データから筆者作成.

較して全体的に長時間にシフトしているものの，10時間以上の超長距離飛行はない.

　図4-7に示した同社の利益率の推移から，業績は赤字基調であり，利益が出ても薄利であることがわかる．同社は2007年の就航以降赤字が続いていたが，2012年に初めて黒字を計上，その後2014年，2015年と大幅な赤字を計上した後，2016年，2017年とわずかながらも連続して黒字を計上した．しかし2018年度は再び赤字に転じた．同社は現在の環境下ではより長距離の路線への就航で利益を計上することは困難とみており，これは欧州線の再参入について計画を遅らせていることにも表れている.

　日本へは AirAsia X グループとしてクアラルンプール，バンコク，デンパサールから成田，関西，名古屋，札幌に就航している．また以遠権を活用して関西からホノルルに就航している.


(3)　Jetstar

Jetstar は世界で最も早く長距離線 LCC として成功した会社とさ

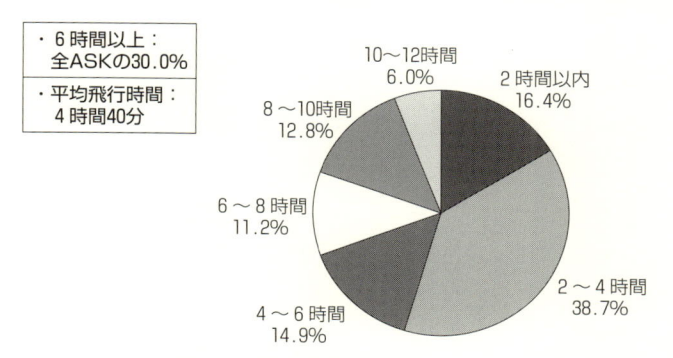

・6 時間以上：
全ASKの30.0%

・平均飛行時間：
4 時間40分

10～12時間
6.0%

2 時間以内
16.4%

8～10時間
12.8%

6～8 時間
11.2%

2～4 時間
38.7%

4～6 時間
14.9%

図 4 - 8　Jetstar 飛行時間別 ASK シェア

出典：CAPA データから筆者作成.

れる．もともと Qantas の国内線 LCC 子会社であったが，当初から黒字で経営が軌道に乗っていたこともあり，2007年から本格的に国際線にも就航させて Qantas メインラインの利益計上に長年貢献している．

ただし前述のように Jetstar は最近長距離線 LCC の拡大については消極的になっており，機材発注についてもワイドボディの787-9の発注残はゼロとなっている（Qantas 航空が787-9を 9 機発注しており，状況に応じてこれが流用される可能性はあろう）．

図 4 - 8 に示すように Jetstar の 6 時間以上の飛行は全体の30％，平均飛行時間は 4 時間40分で，全体としては「中距離線型」LCC といえる．Jetstar の経営状況については前掲図 2 - 19の利子・税引き前利益率の推移に示すように，FY13/14年度に一度赤字に転落した以外は安定的に利益を計上している．長距離線ですでに10年の経験の蓄積があり，FSC 傘下でかつ短距離線との併営型であることも経営の安定に貢献していると思われる．

日本へは Jetstar グループとしてゴールドコースト，ケアンズ，シンガポール，ダナンから成田，関西，沖縄に就航している．

### (4) Scoot

Scoot は Singapore Airlines の長距離線 LCC 部門として2012年に就航した．当初777機を使用していたがその後全機787-8/9に切り替えた．2017年に Singapore Airlines の短距離線 LCC 部門の Tiger Airways と合併し，現在 Scoot という社名で運航している．これ以外にタイに NokScoot という合弁会社も設立した．

Scoot の 6 時間以上の飛行は全体の41.2%のシェア，平均飛行時間は 5 時間31分で，「長距離型に近い中距離型 LCC」といえる（図 4 - 9 参照）．

図 4 - 10に示された Scoot の利益率の推移をみると，FY14/15年度には大幅赤字だったが，2015/16年度に利益を計上し，以降 3 年連続で利益を計上している．ただし利益率は数%で低い水準である．FY18/19年度は第 1 四半期は赤字転落となった．現在787-8/9を17機運航しているが，発注残は 2 機のみであり，今後ワイドボディ機を使った長距離線参入には現在それほど興味を示していないと推測される．

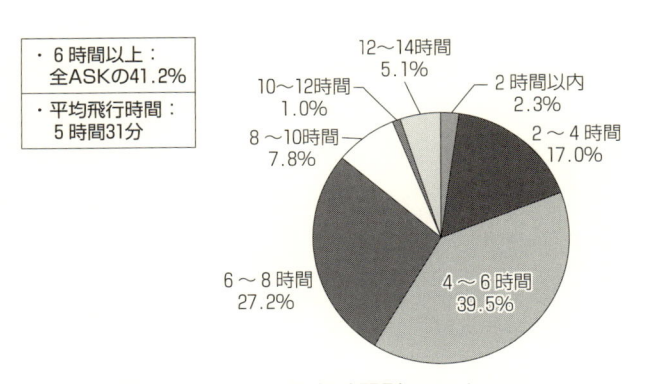

**図 4 - 9　Scoot 飛行時間別 ASK シェア**

出典：CAPA データから筆者作成．

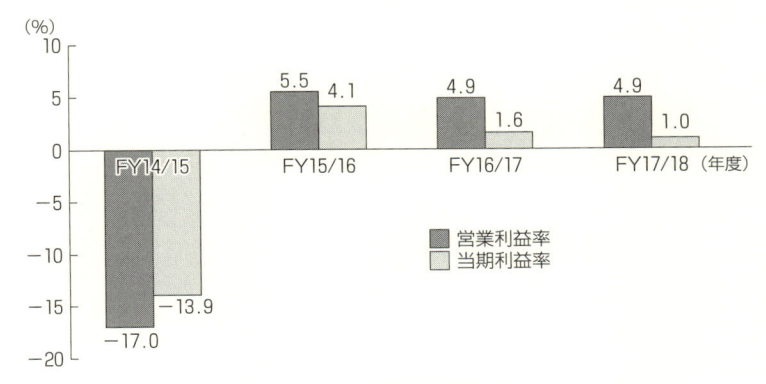

**図 4 - 10　Scoot 利益率**

出典：CAPA データから筆者作成.

　日本へはシンガポール，バンコクから関西，成田，および千歳に就航しており，また関西空港から以遠権を活用してホノルルまで運航している．

## (5)　WOW Air の倒産

　WOW Air は2012年に運航を開始したアイスランドの LCC で，欧州域内だけでなく北大西洋市場にも参入していた．WOW Air は2019年 3 月に資金難のため運航停止を余儀なくされた．同社の CEO はこの市場に投入した350席の A330 は大変コストがかかり複雑であったと述べ，倒産の主たる原因であったことを示唆した．

## 6　長距離線 LCC の成長の可能性と課題
### ——小型化が有利，燃油価格変動リスク大——

　これまでの情報をまとめてみよう．表 4 - 7 に示すように世界全体では長距離線 LCC の座席シェアは 1 ％程度，国際線のみでは 4

％程度であり，短距離線に比較すればその存在感が極めて薄い．歴史が最も古い豪州国際線市場での成長期は終わり10％程度で安定して再成長の気配は今のところはなさそうである．Norwegian が積極参入している北大西洋市場は現在成長中であり，豪州を抜いて10％を超す勢いを見せている．直近の航空燃油費の上昇がこの勢いに翳りをさしているが，長期的に見ればオープンスカイと技術革新の後押しでシェアを拡大する可能性はあると思われる．

東南アジア＝欧州市場ではシェアが4％程度であるが，Norwegian がロンドン・ガトウィック＝シンガポール路線の廃止を決断したように，特に燃油価格が上昇している現状では他市場より距離が長いことがハンディキャップとなっている．AirAsia X も欧州線再参入の計画を遅らせている．また中東系の FSC の存在も長距離LCC 参入のハードルを高くしている．

ちなみに欧州＝南米線市場は現在3.4％であるが，最近欧州勢が積極的に進出する姿勢を見せており，今後成長する可能性もありそうだ．

また東南アジア＝中国航空市場では LCC シェアが35％程度となっており，このうちの何％かが長距離線 LCC 路線とみられる．中国とアセアンはオープンスカイに合意しており，今後ますます長距離線も含めた LCC のシェアが拡大することが予想される．

表4‐8に長距離線 LCC 4社の概況を示す．平均飛行時間が4時間半から6時間半の間にあり，Jetstar を除いて安定的または十分な利益を計上するには至っていない．

もっとも業績のブレが顕著なのは急速に北米，アジアに路線を展開している Norwegian であり，初期投資のコスト負担や燃油価格高騰の影響をもろに受けている．歴史の長い AirAsia X も何とか

表 4 - 7　各市場の長距離線 LCC の現況

| 市場 | 長距離線 LCC シェア | 特記事項 |
|---|---|---|
| 豪州国際市場 | 約10% | 世界で最も古い長距離線 LCC 市場であり，シェアはこの水準で安定的に推移．Jetstar，AirAsia X なども路線拡大に消極的で当面現状維持． |
| 北大西洋市場 | 8.8% | Norwegian の積極的参入等で現在成長中だが一部路線撤退も．機材がワイドボディ機からナロウボディ機にシフトしつつあり，市場拡大に貢献の予想．2019年はシェア10%超へ．ただし燃油価格高騰で LCC ブランドは苦戦．WOW Air が破綻． |
| アジア＝欧州市場 | 約 2 % | 東南アジア＝欧州間は約 4 %だが Norwegian のロンドン・ガトウィック＝シンガポール線の中止（2019年 1 月）などマイナスの材料．中国＝欧州は約 1 %だが，始まったばかりで未知数． |
| 欧州＝南米市場 | 3.4% | 欧州長距離 LCC が積極参入開始．Norwegian もアジアから南米にシフトか？ |
| 世界全体 | 全体約 1 %国際約 4 % | 世界全体では 1 %だが，国際線のみでは約 4 %のシェア．短距離線に比較して存在感はまだ薄い． |

出典：CAPA データ，情報などから筆者作成．

表 4 - 8　長距離 LCC　4 社比較

| 会社名 | 6 時間以上の飛行シェア(ASK) | 平均飛行時間(ASK) | 最近の平均利益率（単純平均） | 長距離線 LCC ビジネス考察 |
|---|---|---|---|---|
| Norwegian | 50% | 6 時間 0 分 | ＊2013〜2018営業　−1.4%当期　−1.2% | (△〜×) 2014以降業績不安定．超長距離路線から一部撤退の動き． |
| AirAsia X | 61.5% | 6 時間31分 | 2011〜2018営業　−0.6%当期　−5.0% | (△) 業績に不安あり．欧州線などこれ以上の長距離化難しい？ |
| Jetstar | 30% | 4 時間40分 | 2009〜2018利子・税引前　6.8% | (○) 全体として安定．長距離化は消極的． |
| Scoot | 41.2% | 5 時間31分 | 2015〜2018営業　−0.4%当期　−1.8% | (△) 最近黒字も利益率低い．シンガポール航空から財政支援の可能性． |

注：＊ Norwegian が長距離線進出を開始した2013年から計算．
出典：CAPA データ，情報などから筆者作成．

利益を計上できたのは最近である．歴史の浅い Scoot は利益を計上しているものの，利益率はかなり低く，Singapore Airlines 傘下であり支援を受けている可能性もありうる．

唯一経営が安定しているのは平均飛行時間 4 時間が40分と一番短い Jetstar のみで，併営型および FSC 傘下であることも安定経営に有利に働いていると思われる．

Jetstar と AirAsia X は以前からさらなる長距離線への進出については消極的な姿勢を貫いており，市場拡大の機運を見いだせないでいる．

## 7 おわりに
──航空自由化と機材性能向上で緩やかに成長の可能性──

EU＝米国オープンスカイやアセアン＝中国オープンスカイなどの多国間の包括的な航空自由化の進展とともに希望の路線により参入しやすくなり，それに伴い長距離線 LCC のシェアも拡大して行くと思われる．ただし FSC との差別化が難しいことから，短距離線で見られたような急速な躍進は難しく，緩やかに拡大して行くものと予測される．

ただし現在の環境下では長距離線 LCC の損益分岐点は飛行時間 6 時間以下と見ることができる．つまり平均飛行時間が10時間以上となるような超長距離路線のみを運航する事業は利益を出すことが難しい状況といえ，Norwegian グループ以外の LCC が総じてさらなる長距離線 LCC 路線の拡大に消極的になっている理由と推定される．

長距離 LCC への逆風の主な理由は燃料価格の高騰であり，各社とも全経費に占める燃料費支出がここ数年で急増している．業績悪

化から欧州の LCC の Primera や WOW Air のように倒産した会社も出現した.

それでは燃料価格以外で, 今後の着実な躍進のための条件についてはどのようなことが考えられるだろうか.

機材面ではより安価で高性能なナロウボディ機の活用が重要となる. 燃料消費も少なく, より小さい市場でも参入可能であり, 事業計画の柔軟性も確保できる.

ビジネスモデルとしてはハイブリッド型としてむしろより FSC に近付き, より多い収入を得ることが重要になろう. サービスがよく, FSC より少し安いという点がアピールできる可能性が高い.

事業形態としては長距離線単独型よりも短距離線を「併営」する事業形態 and/or FSC 傘下であれば事業リスクを分散でき, また必要に応じて短距離線 LCC から長距離線 LCC への, またはメインラインから長距離線 LCC への内部補助が可能となるため, より安定した事業運営が期待できるだろう. ただし FSC 傘下となった場合は事業の安定と引き換えにビジネスの自由度が制限されるというデメリットもあろう.

ちなみに ANA は LCC 子会社のピーチとバニラエアを合併して東南アジアなどの中距離線に就航する計画で, 2020年までに50機体制とし, 北アジア最大の LCC とする野心的な戦略である.

JAL も LCC 子会社 ZIP Air をすでに設立しており, 787を使用して2020年夏までに運航を開始し, それ以降機会を見て欧米長距離路線に就航する計画である. これまで述べてきたような様々な解決すべき課題があると予想されるものの, 日本の消費者としては, JAL が知恵を結集し, 日本において世界で例を見ない画期的な長距離線 LCC ブランドを無事成功させることを大いに期待したい.

表 4 - 9　日本の主要中・長距離 LCC 路線

| 路線 | 航空会社 | 飛行時間 |
|---|---|---|
| ダナン＝関西 | Jetstar Pacific | 4 時間45分 |
| シンガポール＝那覇 | Jetstar Asia | 5 時間 0 分 |
| バンコク＝関西 | Thai AirAsia X/NokScoot | 5 時間25分/ 5 時間30分 |
| バンコク＝中部 | Thai AirAsia X | 5 時間25分 |
| シンガポール＝成田 | Scoot | 6 時間 0 分 |
| シンガポール＝関西 | Scoot | 6 時間 0 分 |
| バンコク＝成田 | Thai AirAsia X/NokScoot | 6 時間15分/ 5 時間40分 |
| クアラルンプール＝関西 | AirAsia X | 6 時間25分 |
| クアラルンプール＝羽田 | AirAsia X | 6 時間50分 |
| シンガポール＝千歳 | Scoot | 7 時間15分 |
| クアラルンプール＝千歳 | AirAsia X | 7 時間25分 |
| 関西＝ホノルル | AirAsia X/Scoot | 7 時間25分/ 7 時間 5 分 |
| ケアンズ＝関西 | Jetstar | 7 時間20分 |
| ケアンズ＝成田 | Jetstar | 7 時間30分 |
| ゴールドコースト＝成田 | Jetstar | 9 時間 0 分 |

出典：CAPA データから筆者作成.

表 4 - 10　成田発欧米路線飛行時間

| 日本＝欧州路線飛行時間 | |
|---|---|
| ヘルシンキ＝成田 | 10時間15分 |
| ウィーン＝成田 | 11時間10分 |
| フランクフルト＝成田 | 11時間20分 |
| ロンドン＝成田 | 12時間40分 |
| パリ＝成田 | 12時間45分 |
| ミラノ＝成田 | 12時間50分 |
| ローマ＝成田 | 13時間 0 分 |
| バルセロナ＝成田 | 14時間 0 分 |
| マドリッド＝成田 | 14時間15分 |
| 日本＝北米路線飛行時間 | |
| バンクーバー＝成田 | 8 時間40分 |
| サンフランシスコ＝成田 | 9 時間15分 |
| サンディエゴ＝成田 | 9 時間40分 |
| ロサンゼルス＝成田 | 9 時間45分 |
| ニューヨーク＝成田 | 12時間45分 |
| シカゴ＝成田 | 13時間20分 |

出典：CAPA データから筆者作成.

　参考のため現在の日本発着国際線中・長距離 LCC 路線を**表 4 - 9**に示す．平均飛行時間が 6 時間台と推定される．

　同様に参考のため日本＝欧州，日本＝北米間の路線の飛行時間を**表 4 - 10**に示す．欧州路線で10時間から14時間で，観光路線主体となるイタリア，スペインは13時間から14時間と長い．北米主要路線は 9 時間から13時間となっており，西海岸は10時間以内である．

# あ と が き

　1974年に航空会社に技術系社員として就職し，キャリア途中で調査・研究部門に配属され，そこで13年余にわたり航空業界の研究を続けさせていただいた．その後桜美林大学に専任教員（教授）として採用していただき，「エアライン・ビジネス」担当としてさらに11年間航空業界の研究を続ける貴重な機会をいただいた．縁があって航空業界の調査・研究という仕事に就く機会を頂戴し，そしてそれが現在まで続き，今年で合計25年近く航空業界の研究を続けることができた．このような大変ラッキーな人生の巡り合わせに心から感謝したい．

　この間日本および世界の航空業界・市場や航空政策について様々な情報に接し，個人的にも強い関心を持つ分野であったため，意欲的に研究し，大学で教え，論文なども書いてきた．2020年3月に退職する予定となっており，この機会にこれまでに感じてきた，または考えてきたことについて書き残しておくことも何かの役に立つかと思い，本書を出版することにした次第である．

　本書を出版するにあたり，桜美林大学ビジネスマネジメント学群の学術研究振興費から助成を受けることができた．このご支援に対して心より感謝の意を表したい．また，本書は，小職が紀要『桜美林論考 ビジネスマネジメント レビュー』で発表した下記の論文をもとに大幅に改稿・加筆して再構成した内容を含むことを記しておきたい．

丹治隆［2013］「交通需要本格活性化のための新交通政策の提言」『桜美林論考 ビジネスマネジメント レビュー』第4号，pp. 31-54.

丹治隆［2014］「急速に進化するアジアの空，日本の失地回復の行方は」『桜美林論考 ビジネスマネジメント レビュー』第5号，pp. 61-87.

丹治隆［2015］「破竹の勢いで成長する中東航空会社，世界の航空勢力図大変動」『桜美林論考 ビジネスマネジメント レビュー』第6号，pp. 23-45.

丹治隆［2018］「LCCとオープンスカイは日本の空を変えたのか？」『桜美林論考 ビジネスマネジメント レビュー』第9号，pp. 29-56.

丹治隆［2019］「世界の長距離線LCCの現状と成長への課題」『桜美林論考 ビジネスマネジメントレビュー』第10号，pp. 21-42.

最後に，この本を出版するにあたり，赤井奉久航空経営研究所所長をはじめ，同研究所の専門家の皆様，桜美林大学客員教授で運輸総合研究所客員研究員の橋本安男様，および桜美林大学教授で首都大学東京特任教授の戸崎肇様から多大なご協力を頂戴したことに深く感謝したい．また本の出版までお導き頂いた晃洋書房の山本博子氏にも深く感謝の意を表したい．

2019年6月末日

丹　治　　隆

# 参 考 文 献

CAPA（Center for Aviation）データベース.

CAPA Analysis Report: "Level": IAG's new long haul low cost brand to launch 4 routes from Barcelona, with more to come. 22-Mar-2017

CAPA Analysis Report: IAG's Level starts four Barcelona routes to Americas; eyes Paris and Rome bases, Asia destinations. 22-Jun-2017

CAPA Analysis Report: North Atlantic narrowbody aircraft routes: a dynamic niche segment undergoing transformation. 15-Jan-2018

CAPA Analysis Report: Why Europe's LCC fleets will continue to grow. Ryanair leads; Wizz Air has most orders. 12-Feb-2018

CAPA Analysis Report: US airlines rejects LCC subsidiaries-as WestJet Swoops. 04-Apr-2018

CAPA Analysis Report: Long haul low cost airlines: the model grows globally; Australia slows. 06-Apr-2018

CAPA Analysis Report: North Atlantic aviation market: LCCs grow market share. 12-Apr-2018

CAPA Analysis Report: Longhaul low cost airlines: World Airways to be US's first. 16-Mar-2018

CAPA Analysis Report: Long haul low cost Airlines: Europe's LCCs see opportunities. 23-Jul-2018

CAPA Analysis Report: Europe's low cost long haul airlines establishing themselves. 01-Aug-2018

CAPA Analysis Report: Japan Airlines to decide on 787 aircraft for long haul LCC. 01-Aug-2018

CAPA Analysis Report: Low cost long haul disrupts North Atlantic aviation 20-Sept-2018

European Union [2018] *EU Transport in figures 2018* 〈https://eu.europa. eu/transport/sites/transport/files/pocketbook2018.pdf〉

OECD 編 [2000]『国際航空輸送政策の将来』丸茂新・中村徹・吉井秀和訳,

日本経済評論社.

赤井奉久・田島由紀子［2012］『格安航空会社の経営テクニック』TAC 出版.

アジアゲートウェイ戦略会議［2007］「アジアゲートウェイ構想」〈http://www.kantei.go.jp/jp/singi/asia/kousou.pdf〉

和泉達也・小林太郎・深堀さやか［2018］『アメリカ航空産業の現状と今後の展望』運輸総合研究所.

伊藤元重・下井直毅［2007］『日本の空を問う』日本経済新聞社.

航空経営研究所，丹治隆監修［2012］『LCC を使いこなす99の情報』二見書房（二見文庫）.

航空経営研究所ホームページ CAPA 分析記事〈https://www.jamr.jp/〉

国土交通省［2010］「国土交通省成長戦略」〈http://www.mlit.go.jp/common/000115366.pdf〉

国土交通省［2013］「交通政策基本法」〈http://www.mlit.go.jp/common/001037565.pdf〉

国土交通省［2015］「交通政策基本計画」〈http://www.mlit.go.jp/common/001069407.pdf〉

国土交通省［2016］「操縦士・整備士等の養成・確保に向けた取組の状況」〈https://www.mlit.go.jp/common/001141511.pdf〉

国土交通省［2017］空港管理状況調書.

国土交通省航空局［2019］発表資料「航空行政の現状と展望」.

国土交通省総合政策局［2018］「交通政策白書」〈http://www.mlit.go.jp/common/001237450.pdf〉他

坂本昭雄［2003］『蘇れ，日本の翼』有信堂.

塩見英治［2016］『国際航空自由化研究序説』中央大学出版部.

塩見英治・小熊仁［2016］『国際航空自由化の制度的展開』文眞堂.

柴田伊冊［2017］『オープンスカイ協定と航空自由化』信山社.

首相官邸［2010］「新成長戦略」〈http://www.kantei.go.jp/jp/sinseichousenryaku/sinseichou01.pdf〉

首相官邸［2013］「日本再興戦略」〈https://www.kantei.go.jp/jp/singi/keizaisaisei/pdf/saikou_jpn.pdf〉

首相官邸［2014］「日本再興戦略改訂」〈https://www.kantei.go.jp/jp/singi/keizaisaisei/pdf/honbun2JP.pdf〉

高橋望［1999］『米国規制緩和をめぐる諸議論の展開』白桃書房.

高橋望・横見宗樹［2016］『エアライン／エアポートビジネス入門』第2版, 法律文化社.

丹治隆［2003］「9・11以降の国際航空業界の動向」（前編：米国の動きを中心に））」『運輸と経済』運輸調査局, 2003年5月号, pp. 22-29.

丹治隆［2003］「9・11以降の国際航空業界の動向」（後編：欧州・アジアの動きを中心に）」『運輸と経済』運輸調査局, 2003年6月号, pp. 62-73.

丹治隆［2006］「9.11から5年, 構造変革の中で明るさが見えてきた世界の航空業界」『運輸と経済』運輸調査局, 2006年8月号, pp. 47-57.

丹治隆［2006］「グローバル・ツーリズム──LCC が新たなツーリズム変革の旗手に」『国際交通安全学会』, IATSS Review, Vol. 31, No. 3, pp. 35-45.

丹治隆［2006］「世界の LCC の最新動向を分析する」『ツーリズム学会学会誌』ツーリズム学会, 11月号, pp. 22-40.

丹治隆［2010］「LCC を中心に見た世界の航空業界動向」『運輸と経済』運輸調査局, 2010年5月号, pp. 51-63.

丹治隆［2011］「わが国における空港政策が航空会社経営におよぼした影響について」『運輸と経済』運輸調査局, 2011年4月号, pp. 24-37.

丹治隆［2012］「航空事業における税制の現状と課題──LCC 成長へ公租公課見直し必須, まず航空機燃料税の廃止が急務」『運輸と経済』運輸調査局, 2012年5月号, pp. 40-56.

丹治隆［2013］「交通需要本格活性化のための新交通政策の提言」『桜美林論考ビジネスマネジメントレビュー』第4号, 2013年3月, pp. 31-54.

丹治隆［2014］「急速に進化するアジアの空, 日本の失地回復の行方は」『桜美林論考 ビジネスマネジメントレビュー』第5号, pp. 61-87.

丹治隆［2015］「破竹の勢いで成長する中東航空会社, 世界の航空勢力図大変動」『桜美林論考　ビジネスマネジメントレビュー』第6号, pp. 23-45.

丹治隆［2017］「LCC の世界的躍進」（第16章）, 稲本恵子編著『エアライン・ビジネス入門』晃洋書房.

丹治隆［2018］「LCC とオープンスカイは日本の空を変えたのか？」『桜美林論考 ビジネスマネジメントレビュー』第9号, pp. 29-56.

丹治隆［2019］「世界の長距離線 LCC の現状と成長への課題」『桜美林論考 ビジネスマネジメントレビュー』第10号, pp. 21-42.

ドガニス，R. ［2003］『21世紀の航空ビジネス』塩見英治・木谷直俊・内田信行・遠藤伸明・戸崎肇訳，中央経済社.

戸崎肇 ［1995］『航空の規制緩和』勁草書房.

内閣府 ［2018］「地域の経済2018」〈https://www5.cao.go.jp/jj/cr/cr18/chr18_index_pdf〉

内閣官房 ［2012］「日本再生戦略」〈https://www.cas.go.jp/jp/tpp/pdf/2012/2/10.20120918_5.pdf〉

永井昇 ［2006］『米国低コスト航空企業の経営革新』内外出版.

成田国際空港 ［2018］「2019年3月期（第15期）中間決算説明会」資料.

日本航空機開発協会 ［2018］『民間航空機関連データ集』日本航空機開発協会.

日本航空統計調査室編集『航空統計要覧』各年度版，日本航空協会.

橋本安男 ［2018］『中国の航空政策とLCC』（航政研シリーズ619）航空政策研究会出版.

花岡伸也 ［2010.6］「アジアにおける航空自由化の進展とローコストキャリアの展開」『運輸と経済』第70巻第6号，pp. 40-47.

花岡伸也 ［2011.1］「アジア・日本の航空市場におけるローコストキャリアの行方」航政研シリーズ No. 529，究航空政策研究会.

フェルナンデス，トニー ［2018］『Flying High──エアアジア，F1，プレミアリーグ』堀川志野舞訳，パンローリング.

向山秀昭（著訳）［1996］『ICAO第4回航空運送会議の記録』運輸経済研究センター国際問題研究所.

向山秀昭（著訳）［1998］『オープンスカイの軌跡──クリントン政権の航空政策』運輸政策研究機構国際問題研究所.

# 航空会社名索引

# 事 項 索 引

《著者紹介》

丹治　隆 （たんじ　りゅう）

東北大学工学部卒，米国シカゴ大学グラデュエイト・スクール・オブ・ビジネス（GSB）修了（経営学修士）.
1974年に日本航空入社．運航技術部，運航乗員訓練部，品質保証部などを歴任後，1994年7月に経営企画室調査グループに配属，以降13年余にわたり航空業界の戦略調査業務に従事．日本および世界の航空政策，航空会社戦略などの調査・分析を手掛ける.
2007年11月に日本航空を退職後，2009年4月から2020年3月まで桜美林大学ビジネスマネジメント学群教授．主担当はエアライン・ビジネスであるが，広く交通政策・交通産業，観光政策も担当し専門分野を拡大した.
早くからLCC（低コスト航空会社）のポテンシャルに着目し，日本航空在職中から現在までLCC関連の論文なども多数発表している．数値を用いた分析手法を得意とする．日本国際観光学会，異文化研究会，ホスピタリティ研究会，余暇ツーリズム学会会員，航空経営研究所主席研究員．米国公認会計士試験合格（イリノイ州），公認内部監査士試験合格（英語）.

# どこに向かう日本の翼
## —— LCC が救世主となるのか——

| | |
|---|---|
| 2019年9月30日　初版第1刷発行 | ＊定価はカバーに |
| 2020年10月5日　初版第2刷発行 | 　表示してあります |

著　者　　丹　治　　　隆 ©

発行者　　萩　原　淳　平

印刷者　　江　戸　孝　典

発行所　株式会社　晃　洋　書　房

〒615-0026　京都市右京区西院北矢掛町7番地
電話　075（312）0788番代
振替口座　01040-6-32280

装丁　野田和浩　　　　印刷・製本　共同印刷工業㈱

ISBN978-4-7710-3219-4